Pierre Rigoulot
Nordkorea

Steinzeitkommunismus und Atomwaffen –
Anatomie einer Krise

Aus dem Französischen von Martin Breitfeld

Kiepenheuer & Witsch

1. Auflage 2003

Titel der Originalausgabe:
Corée du Nord, État voyou © 2003 by Buchet/Chastel
un département de Meta-Éditions, Paris
Aus dem Französischen von Martin Breitfeld
© 2003 by Verlag Kiepenheuer & Witsch, Köln
Umschlaggestaltung: Barbara Thoben, Köln
Umschlagfoto: © dpa
Gesetzt aus der Bembo
Satz: Greiner & Reichel, Köln
Druck und Bindearbeiten: Clausen & Bosse, Leck
ISBN 3-462-03347-6

Inhalt

*Für meine koreanischen Freunde
Ukyung Song, Kang Chol Hwan,
Ko Yong Hwan und Sang Hun Kim*

1. Wie ein Monster entstand

Zwei Millionen Hungertote – ohne dass es eine Naturkata-strophe, einen Krieg oder eine gravierende politische Krise gegeben hätte; allein aufgrund der Entscheidung der Staats-führung, an ihrer stalinistischen Wirtschaftspolitik festzuhal-ten. Eine Propaganda, die ein ganzes Volk abstumpfen lässt. Konzentrationslager, öffentliche Hinrichtungen, Handel mit Drogen, Waffen und Elfenbein, der von den höchsten Stellen gedeckt wird. Ganze Familien, die nach China flie-hen, das zum Land der Freiheit geworden ist – so groß ist in-zwischen der Kontrast zwischen der strengen Diktatur Pe-kings und dem täglich erlebten Horror in Nordkorea. Ein Regime, das mit der Destabilisierung der Region und der ganzen Welt droht und so Nahrungsmittelhilfen der inter-nationalen Gemeinschaft erpresst. Obwohl diese zu einem großen Teil von den USA geleistet wird, beschimpft man Washington regelmäßig. Südkorea, das ähnlich großzügig hilft, wirft man vor, Befehlsempfänger Amerikas zu sein; in Wirklichkeit versucht das Land seit Jahren vergeblich, die absurden Herrscher im Norden und ihre Folterknechte zu besänftigen. Nordkorea gehört unzweifelhaft zu den schlimmsten Regimes, die gegenwärtig existieren, es han-delt sich um einen der politischen Schandflecken der Welt. Wie konnte ein solches Monster entstehen? Um diese Frage zu beantworten, müssen wir bis in die Zeit der japanischen Kolonisation zurückblicken, die 1910 begann. Die Herr-schaft des Landes der aufgehenden Sonne war eine harte und demütigende Erfahrung für die Koreaner. Aber die Japaner bauten auch die ersten Straßen und Schienenstrecken des Landes, zunächst zu eigenen Zwecken. Sie bauten die Wirt-schaft und den Staat auf und bildeten Beamte für die Verwaltung aus. Im Norden siedelten sie Industrie an, im Süden dominierte Landwirtschaft.

Die Koreaner haben heute nur Verachtung übrig für die japanische Kultur und Sprache, denken mit Abscheu an die Zwangsarbeit und den Zwangsdienst in der kaiserlichen Armee – von den koreanischen »Trostfrauen« ganz zu schweigen, die im Zweiten Weltkrieg in die Feldbordelle der japanischen Armee geschickt wurden. Im Guten wie im Schlechten waren es jedoch die Japaner, die Korea in die Moderne geführt und die Grundlagen für die wirtschaftliche Entwicklung gelegt haben.

In ihrem Expansionsdrang begnügten sich die Japaner nicht mit Korea. In den 30er Jahren fielen sie in China ein und begannen mit der Eroberung des südöstlichen und des pazifischen Asiens. Nach dem Überfall auf den amerikanischen Marinestützpunkt Pearl Harbor wurde Japan allmählich zurückgedrängt und musste schließlich, nachdem die Städte Hiroshima und Nagasaki im August 1945 mit zwei Atomschlägen dem Erdboden gleichgemacht worden waren, kapitulieren.

Stalin, der diese andere »Ostfront« nie eröffnet hatte – womit er Amerika in Europa hätte entlasten können –, zögerte nun nicht und erklärte einem Gegner den Krieg, der schon am Boden lag. Am 10. August rückten sowjetische Truppen zuerst in die Mandschurei und dann in Korea ein. War das ein Grund zur Beunruhigung für das amerikanische Oberkommando? Die Amerikaner schlugen eine gemeinsame militärische Besetzung vor. Da Stalin über den Interessenkonflikt keine Krise im Verhältnis zu den amerikanischen Alliierten riskieren wollte, akzeptierte er den Vorschlag ohne Zögern. Er stoppte den Vormarsch seiner Truppen am 38. Breitengrad. Die Vereinigten Staaten und die Sowjetunion wollten jeweils eine Hälfte des Landes »provisorisch« und in »verwaltungstechnischer« Hinsicht übernehmen, bis ein Abkommen über die Zukunft der einstigen japanischen Kolonie vorliegen würde.

Dazu kam es nie. Im Norden wählten die Sowjets unter noch ungeklärten Umständen einen ihrer Männer aus, den Chef einer winzigen koreanischen Widerstandsgruppe gegen die Japaner, die in der Mandschurei mit der chinesischen Armee zusammengearbeitet hatte. Nach ideologischen Zerwürfnissen mit den Chinesen hatten sich einige von ihnen der sowjetischen Armee angeschlossen. In dieser Gruppe fiel den politischen Kommissaren ein gewisser Kim Il Sung auf – ein Deckname, der einem legendären Widerstandskämpfer aus den ersten Jahren der japanischen Besetzung entlehnt war. Der zukünftige Diktator, dessen wirklicher Name Kim Song Ju war, entstammte einer späteren Generation. Er wurde 1912 geboren und war noch ein Kind, als der eigentliche Kim Il Sung sich mit den Japanern herumschlug.

Aber für den Mann, dem so viel an Prestige lag, war die Aura des legendären Widerstandskämpfers entscheidend. Er wurde Spezialist für Geschichtsklitterung und ließ später das Gerücht verbreiten, dass sein Großvater zu den Kämpfern gehört habe, die am Ende des 19. Jahrhunderts ein amerikanisches Schiff, die *General Sherman*, zurückgeschlagen hatten. Der Apfel fällt nicht weit vom Stamm …

In der von ihnen kontrollierten Zone verloren die Sowjets keine Zeit: Sie trafen eine ganze Reihe von Maßnahmen, um unter ihrer bewaffneten Aufsicht eine »Volksherrschaft« zu errichten. Ab September 1945 wurden zahlreiche kommunistische Funktionäre erschossen, die sich Kim Il Sung entgegenstellten. Nationalisten, die sich in Pjöngjang ebenso wie in Seoul verständlicherweise enttäuscht über die Perspektiven für die Unabhängigkeit ihres Landes zeigten und die amerikanisch-russische Vorherrschaft kritisierten, wurden verfolgt. Ihr Anführer, Cho Man Sik, wurde am 5. Januar 1946 verhaftet und ein Jahr später hingerichtet.

Als Ergänzung zur Einheitspartei, die jedoch weiterhin alleine den Kurs angab, wurden Volksfrontkomitees gebildet, und gleichzeitig wurde eine Agrarreform eingeleitet, die auf größtes Wohlwollen linker Intellektueller im Westen traf, obwohl sie klar als Etappe auf dem Weg zur Kollektivierung zu erkennen war. Im Mai 1946 wurde die Konfiszierung von Grundbesitz rechtsgültig. Von August an wurden Industrie, Banken und Verkehrswesen verstaatlicht.

Die enteigneten Landbesitzer flohen in den Süden – bereits fünf Hektar genügten, um von den Maßnahmen betroffen zu sein! Ihnen folgten die Unternehmer und alle, die angesichts der Wendung der Ereignisse beunruhigt waren. Sie mussten sich beeilen, denn es wurde immer schwieriger, von der einen in die andere Zone zu gelangen.

1948 wurden die Besitzurkunden wieder eingezogen, die nach der Agrarreform ausgeteilt worden waren. Sie wurden nie zurückgegeben. Wer sie etwas zu nachdrücklich zurückverlangte, bekam zu hören, dass die erste Ausgabe ein Irrtum gewesen sei oder dass er sich des Verrats am koreanischen Volk schuldig mache. Dennoch beurteilte etwa der Gründer des politischen Wochenmagazins *Nouvel Observateur*, Claude Bourdet, in der Ausgabe vom 6. Juli 1950 die Ergebnisse der Reform mit Optimismus und wollte daran sogar die Frage entscheiden, für welche Seite in einem möglichen Krieg zwischen Nord- und Südkorea Partei ergriffen werden sollte: »Nordkorea ist eine Volksrepublik des Typs, wie wir ihn mittlerweile kennen. Zwar kann sich seine Regierung auf keinerlei demokratisch ausgedrückten Volkswillen stützen, … aber sie führt die Agrarreform und die Industrialisierung weiter fort. Und genau dies sind die Grundlagen für den Kampf gegen die Armut in Asien.«

Von den einen mit Nachsicht betrachtet, von den anderen mit Applaus bedacht, nahm das »demokratische« und »vom Volk regierte« Nordkorea mit Riesenschritten Gestalt an.

Der große sowjetische Bruder konnte eine solide Armee aufbauen und ausrüsten und sich sogar den Luxus erlauben, seine eigenen Truppen abzuziehen und so die Amerikaner herauszufordern, das Gleiche zu tun. Als diese schließlich den Süden im Juni 1949 verließen, hatten sie weder einen stabilen Staat errichtet noch eine widerstandsfähige Armee geschaffen.

Unter diesen Umständen konnten die Sowjets und die Führer des neuen Koreas kein Interesse an freien Wahlen haben. Die Entscheidung über die Gesellschaftsordnung war getroffen. Folglich wurde jedwede Vereinbarung mit der Regierung in Seoul über Modalitäten einer gemeinsamen Wahl auf der gesamten Halbinsel torpediert, insbesondere eine Regelung darüber, welche Parteien und Personen daran hätten teilnehmen können. Als die UNO 1947 eine Kommission in den Norden schicken wollte, die freie Wahlen vorbereiten sollte, verweigerten ihr die sowjetischen Behörden die Einreise.

Auf diese Weise entstand auf jeder Seite einer künstlichen Grenze ein Staat, der den Anspruch erhob, die gesamte Halbinsel zu vertreten.

Die Beziehungen der beiden Staaten miteinander waren miserabel. Auf beiden Seiten wollten manche die Dinge mit Waffengewalt regeln. Wie sowjetisches Archivmaterial bezeugt, das der damalige russische Präsident Boris Jelzin seinem südkoreanischen Kollegen Kim Yong Sam 1994 als Geschenk übergab, war dieser Wunsch besonders bei Kim Il Sung ausgeprägt. Der nordkoreanische Führer konnte demnach seine Ungeduld kaum zügeln; ihm zufolge sehnte sich das Volk im Süden danach, von seinen Truppen befreit zu werden. Aber Stalin wartete wie gewöhnlich ab, bis die Zeit reif war, bis Mao die Macht in Peking übernahm, bis der Nachschub von Militärmaterial organisiert war und bis die heimlich unterstützten Guerilla-Truppen im Süden ihre Macht ausgebaut hatten.

Anfang 1950 gab der Herr des Kremls endlich grünes Licht und schickte Militärstrategen und Berater zu Kim Il Sung. Nachdem es ihm gelungen war, sich mit Mao zu einigen, stießen die nordkoreanischen Truppen am 25. Juni 1950 ohne jede Vorwarnung in den Süden vor. Der französische Philosoph Jean-Paul Sartre, der sich in St. Germain-des-Prés besser auskannte als in Kaesong oder Seoul, beteuerte, dass die Aggression nicht von den Kommunisten ausgegangen sei: »Im Gegenteil. Die Nordkoreaner sind in eine Falle gelaufen.«

Die Geschichte dieses merkwürdigen und grausamen Kriegs ist bekannt. Man hat ihn als einen »Akkordeon-Krieg« beschrieben, der damit begann, dass die Nordkoreaner zuerst bis in den Süden der Halbinsel vordrangen, in die Nähe von Pusan, obwohl der UNO-Sicherheitsrat diese Aggression verurteilte und der in Seoul gegründeten Republik zu Hilfe eilte. Als die Nordkoreaner sich dem Sieg schon nahe glaubten, wurden sie von MacArthur niedergemetzelt. Dem Kommandanten der UN-Streitkräfte war in Inchon am 15. September eine gewagte Landung hinter der nordkoreanischen Front gelungen. Die nordkoreanische Armee brach vollständig zusammen. Die UN-Truppen befreiten erst Seoul, dann Pjöngjang und näherten sich der chinesischen Grenze, wo plötzlich (am 25. November) hunderttausende chinesische Soldaten in »Freiwilligen-Verbänden« auftauchten.

Das Blatt wendete sich. Die UN-Truppe, die zu 90 Prozent von den Amerikanern gestellt wurde, erlebte ein Debakel. Die Front stabilisierte sich auf dem Gebiet des Südens, nachdem Seoul am 4. Januar 1951 erneut gefallen war. Nur langsam konnten die UN-Truppen wieder in den Norden vorrücken. Sie erreichten den berühmten 38. Breitengrad erst im Laufe des Frühlings. Die Kriegshandlungen gerieten ins Stocken, und der Krieg nahm andere Formen an. Von Februar 1952 an beschuldigten Chinesen und Nordkoreaner die Amerikaner, bakteriologische Waffen gegen eine wehrlose Bevölkerung einzusetzen. Die internationale kommunistische Presse zeigte sich empört. Wissenschaftler, Ärzte und renommierte Intellektuelle bildeten Untersuchungskommissionen und bestätigten die Anschuldigungen. Diese Kampagne überschattete die Kriegsanstrengungen der »Freien Welt« und trug dazu bei, dass die bislang unerschütterliche Unterstützung der amerikanischen Bevölkerung für die eigenen Soldaten ins Wanken geriet. Die Amerikaner konnten keine Toten mehr ertragen – insgesamt starben mehr als eine Million Menschen, davon fast 50.000 amerikanische Soldaten –, und sie waren der Leiden und der Risiken überdrüssig, die das koreanische Abenteuer für den Weltfrieden bedeutete.

MacArthur wurde durch einen weniger forschen und gehorsameren General ersetzt. Die sich endlos hinziehenden Waffenstillstandsverhandlungen wurden nach Stalins Tod im Juli 1953 in dem kleinen Dorf Panmunjom abgeschlossen. Die militärische Aggression hatte sich nicht gelohnt. Kim Il Sung war auf sein Gebiet zurückgedrängt worden, aber von nun an standen sich zwei hochgerüstete koreanische Festungen gegenüber.

Wen trifft die Schuld dafür? Die Anschuldigungen, die Sartre damals dem Süden gegenüber erhob, wirken heute naiv. Der Verweis auf den Kalten Krieg zwischen den beiden Supermächten ist recht abstrakt, aber heute in Seoul noch oft zu hören. Dahinter verbirgt sich eher das Bemühen, sich der historischen Verantwortung zu entziehen: Denn es war Kim Il Sung, ein Koreaner, der den Krieg gegen das »schändliche, faschistische, den Amerikanern hörige Regime in Seoul« gewollt hatte, der ihn – natürlich mit Stalins Zustimmung – vorbereitet und geführt hatte. Die Supermächte haben nur den ideologischen Rahmen und die militärische Ausrüstung für diese Konfrontation zur Verfügung gestellt.

17

Sind durch den Krieg zwei hochgerüstete Festungen entstanden? Der Süden öffnete sich nach und nach der Welt, den Investoren und Touristen, selbst unter seinen autoritären und diktatorischen Regimes. Im Norden dagegen richtete sich die »Demokratische Volksrepublik« Korea (DVRK) in einer solchen Isolation ein, dass die Bezeichnung »Eremiten-Königreich« vollkommen gerechtfertigt erscheint. An der fast hermetischen Abschirmung hat sich bis heute kaum etwas geändert.

Nordkorea schien anfangs gut dazustehen – zumindest im sozialistischen Lager. Die UdSSR unterstützte das Land mit einer Anschubfinanzierung im Wert von zweihundertfünfzig Millionen und China mit dreihundertsechzig Millionen Dollar. Die Industrieproduktion wuchs stetig. Auch wenn die offiziellen Zahlen frei erfunden sind (zwischen 1957 und 1960 ein jährliches Plus von 45 Prozent!), nahm die Produktion doch kontinuierlich zu. Die Bevölkerung wurde bis an die Grenzen ihrer Leistungsfähigkeit beansprucht, um das Land wieder aufzubauen. Diese Generation wurde zu so großen Opfern aufgefordert, dass selbst einigen kommunistischen Funktionären Zweifel kamen.

Der Mut zum Widerspruch verließ sie jedoch, als auch in Nordkorea politische Säuberungsaktionen und Prozesse begannen, wie sie aus der UdSSR und anderen kommunistischen Ländern bekannt waren. Ende Juli 1953 wurden in einem großen Prozess hohe Parteifunktionäre angeklagt – Sekretäre des Generalkomitees und Verantwortliche u. a. aus dem Innen- und Propaganda-Ministerium. 1955 wurde der Außenminister, Pak Hon Yong, verhaftet und zum Tode verurteilt. Auch in den Jahren 1956 und 1958 fanden große Prozesse statt: Verschiedene Gruppen wurden beschuldigt, mit Chruschtschows Reformen zu sympathisieren oder Verbindungen mit China zu unterhalten. In den Jahren 1960, 1967, 1969 und 1972 gab es weitere Säuberungsaktionen. Der Verantwortliche für geheime Aktionen im Süden, Hu Hak Bong, wurde eliminiert und ein Mitglied des Politbüros, Pak Kum Chul, inhaftiert. In den 70er Jahren wurde Li Yong Mu, ein ehemaliges Mitglied des Politbüros, in ein Lager geschickt. Zahlreiche Studenten verschwanden, alles Söhne von Politikern, die unter Beschuss geraten waren. Die Verfolgungen setzten sich in den 80er Jahren fort und reichen bis in die Gegenwart. Im September 1997 wurde einer der Sekretäre des Zentralkomitees der Arbeiterpartei mit siebzehn weiteren Funktionären öffentlich hingerichtet. Er diente als Sündenbock, weil ihm als Verantwortlichen für Agrarpolitik die herrschende Nahrungsmittelknappheit angelastet wurde.

Von Anfang an ließen sich in Korea Muster erkennen, die aus der Geschichte anderer Staaten des kommunistischen Blocks bekannt sind. Otto Grotewohl, Chef der Regierung der DDR und Nummer zwei in Ostdeutschland, war der erste hochrangige Politiker, der nach dem Krieg den koreanischen Führer in Pjöngjang besuchte. Dieser nahm seinerseits in Moskau an den Feierlichkeiten zum 40. Jahrestag der Oktoberrevolution teil. Das Land wurde als assoziiertes Mitglied in den Comecon, den gemeinsamen Markt der sozialistischen Länder, aufgenommen, und sowjetische und chinesische Techniker fuhren nach Nordkorea, um vor Ort zu helfen. Das Land lieferte seinen Partnern Zement, Stahl und Nichteisenmetalle. Aus der UdSSR kamen Maschinen, Geräte, Baumwolle und Erdöl zurück.

Als der chinesisch-sowjetische Konflikt ausbrach, wich Pjöngjang einer eindeutigen Parteinahme aus. Mitte der 60er Jahre schien Kim Il Sung für Mao und gegen die Führung der UdSSR zu votieren, die beschuldigt wurde, die Außenpolitik der sozialistischen Staaten mit dem Konzept der »friedlichen Koexistenz« zu schwächen und sich mit dem jugoslawischen »Verräter« Tito zu verbünden. Aber der nordkoreanische Staatschef vermied den Bruch und pflegte stattdessen seine Sonderrolle. Er verkündete, dass die Zeit vorbei sei, in der die kommunistische Bewegung ein Zentrum oder eine Achse brauche. Daher sei es nicht mehr notwendig, sich auf Grundsätze zu einigen, die für alle kommunistischen Parteien gälten.

Allmählich begann Nordkorea, einen Sonderweg zu beschreiten, der in ideologischer und militärischer Hinsicht immer befremdlichere Züge annahm: Kim Il Sung verfolgte seine Politik, ohne dabei das Risiko von Kriegen zu beachten – er sehnte sich geradezu nach ihnen. Entlang der entmilitarisierten Zone, die die beiden Koreas trennt, häuften sich die Zwischenfälle. Er schickte ein Kommando mit dreißig Männern los, die den Präsidentenpalast in Seoul angreifen sollten. Dass bis auf einen alle umkamen, war nicht von Bedeutung. Denn während für die kommunistischen Führer der Welt das Leben des Einzelnen normalerweise kaum etwas wert war, wird es in Nordkorea sogar auf fanatische Weise verschenkt – so wie man es aus Sekten kennt.

Gegen ein Fernmeldezentrum in Seoul wurde ein Anschlag verübt. Die *Pueblo*, ein schlecht bewaffnetes amerikanisches Spionageschiff, das sich zu nah an der nordkoreanischen Küste befand, wurde gekapert. In einer gemeinsamen Initiative mit den Kubanern Raoul Castro und Osvaldo Dorticos, die am 2. November 1966 zu Besuch in Pjöngjang waren, bot Kim Il Sung sogar Ho Chi Min die Entsendung von Freiwilligen nach Vietnam an. Die Armee, die zu Kriegsende im Vergleich zu der im Süden noch relativ schwach war, wurde ständig verstärkt.

Kim Il Sung wollte sich nicht nur durch sein Handeln, sondern auch durch sein Denken von anderen Staatschefs unterscheiden. Die Arbeitspartei verabschiedete sich nach und nach vom Marxismus-Leninismus und ließ sich von einer neuen Philosophie inspirieren: Im November 1970 wurde die »Juche«-Ideologie in den Parteistatuten verankert. Dabei handelt es sich um einen Mischmasch von Ideen aus verschiedenen Kontexten und von Schlagworten, die in vollkommenem Widerspruch zur Wirklichkeit des Landes stehen. Die Juche-Ideologie betont die Bedeutung von Selbstbestimmung, Unabhängigkeit von äußeren Einflüssen bis hin zur Autarkie und absolute Genügsamkeit – ein Gedankengebäude, das in einer Zeit formuliert wurde, in der das Land vollkommen abhängig von China und der Sowjetunion war. Diese nordkoreanische Staatsideologie preist das koreanische Wesen und den freien Willen, fügt aber gleichzeitig hinzu, dass sich dieser Wille durch seinen Führer ausdrückt. Und tatsächlich kann man nicht behaupten, dass Korea Initiativen seiner Bürger fördere.

Ein anderer Bezugspunkt der nordkoreanischen Ideologie ist die »Chollima«-Bewegung: Sie ist benannt nach einem geflügelten Pferd der lokalen Mythologie, das blitzschnell ungeheure Entfernungen zurücklegen kann. Das Bild soll der Bevölkerung deutlich machen, dass durch große Anstrengungen alles erreicht werden kann. Im Vergleich dazu war nicht nur Chruschtschow prosaischer, als er ankündigte, England innerhalb von fünfzehn Jahren einzuholen, sondern auch Mao, als er seinen »großen Sprung« vorbereitete.

Es liegt auf der Hand, dass weder die bizarre nordkoreanische Ideologie, noch der verrückte Persönlichkeitskult, der erst bei Kim Il Sung und dann unter seinem Sohn Kim Jong Il neue Höhepunkte erreichte, die technische Entwicklung Nordkoreas und seinen Erfindergeist begünstigt haben. Aber bereits ein Blick auf die typische Organisation einer sozialistischen Wirtschaft genügt, um die Schwierigkeiten zu verstehen, mit denen Nordkorea damals konfrontiert war. Die Konsequenzen aus dem Einstellen der Hilfe des großen russischen und des chinesischen Bruders, aus der Isolation des Landes und aus den mittelmäßigen klimatischen Bedingungen führten zum Zusammenbruch der Wirtschaft. Pjöngjang verkündete indessen einen Sieg nach dem anderen: Der Sechsjahresplan (1971–1976) wurde selbstverständlich achtzehn Monate früher erfüllt als vorgesehen, das Volkseinkommen stieg zwischen 1970 und 1974 um 70 Prozent, die Preise sanken um 30 Prozent, und so weiter.

Die Wirklichkeit war und ist eine andere. Nordkorea hatte immer größere Schwierigkeiten, zu einem ausgeglichenen Staatshaushalt zu kommen. Das Land verhandelte immer wieder neue Abkommen zur Tilgung seiner Auslandsverschuldung und hat dabei eine immer noch aktuelle Taktik entwickelt: In den Verhandlungen geht es weniger darum, zu konkreten Ergebnissen zu kommen, als vielmehr darum, Zeit zu gewinnen und sich von den Geberländern mit Geldspritzen dazu ermutigen zu lassen, die Verhandlungen fortzuführen.

Korea verlangt von seinen Beamten, alles zu tun, um an Devisen zu kommen. Von 1975 an tauchten Berichte über mafiaähnliche Praktiken nordkoreanischer Diplomaten im Ausland auf.

Auf der internationalen Bühne spielte Nordkorea seine Sonderrolle weiter und pflegte mit Vorliebe Beziehungen mit den nationalistischsten Führern der kommunistischen Staaten. Im August 1977 war Tito zu Besuch bei Kim Il Sung. Im Oktober desselben Jahres fand Pol Pot hier einen seiner wenigen Unterstützer in seinem Kampf gegen Vietnam im Jahr 1978: Demnach war der Einfall von vietnamesischen Truppen nach Kambodscha ein »offener Angriff auf die nationale Unabhängigkeit, auf die Souveränität und auf die Integrität des kambodschanischen Staatsgebiets«. Die Nordkoreaner, die genau wissen, was es bedeutet, Rechtsgrundsätze zu respektieren, fügten hinzu: »Dies ist eine grobe Verletzung internationalen Rechts.« Im Mai des gleichen

Jahres kam der rumänische Staats- und Parteichef Ceaușescu zu Besuch nach Pjöngjang.

Am VI. Kongress der Arbeitspartei im Oktober 1980 nahmen so überzeugte Demokraten und Menschenrechtsverteidiger wie Sékou Touré und Robert Mugabe teil, die Diktatoren aus Guinea und Simbabwe, und unterzeichneten unzählige Freundschafts- und Kooperationserklärungen. 1981 ließ sich der angolanische Diktator Eduardo Dos Santos sehen; der langjährige Führer der Kommunistischen Partei Frankreichs (KPF), Georges Marchais, reiste im Oktober 1982 an, und die Führer der maltesischen Arbeitspartei kamen zwischen 1982 und 1984 nach Pjöngjang. Ceaușescu wiederholte seinen Besuch. Und im März 1986 unterzeichnete Fidel Castro einen Freundschaftsvertrag mit Nordkorea.

Man fragt sich, was François Mitterrand in solcher Gesellschaft zu suchen hatte: Im Februar 1981 reiste er mit seinem Sohn Jean-Cristoph und seiner Frau nach Nordkorea. Kim Il Sung beschrieb er als »Menschen mit gesundem Menschenverstand, der herzlich lacht …, auf keinen Fall der steife Mensch, als den ihn die Propaganda in unseren Zeitungen zeichnet«. Zu der Zeit hatte Mitterands Freund Roger-Patrice Pelat sich noch nicht mit seinem ganzen Gewicht bei der Kreditversicherungsanstalt *Coface* dafür stark gemacht, die Bürgschaft für einen beträchtlichen Kredit zu übernehmen, mit dem ein französisches Bauunternehmen ein ebenso gigantisches wie nutzloses Hotel in Pjöngjang bauen wollte. Diese Organisation, die französische Investitionen im Ausland absichert, verweigerte in diesem Fall angesichts des miserablen Rufs der Koreaner ihre Zustimmung.

Angesichts der weiterhin prekären wirtschaftlichen Situation ließ das nordkoreanische Regime am 8. September 1984 ein Gesetz verabschieden, das ausländische Investitionen erleichtern sollte. Aber die Außenstände der internationalen Gemeinschaft waren viel zu hoch, als dass sich viele ausländische Investoren hätten finden lassen. Am 24. August 1987 teilte ein Konsortium westlicher Banken mit, dass sich Nordkoreas Auslandsschulden auf 3 Milliarden Dollar beliefen! Seit 1974 waren sie nur sporadisch zurückgezahlt worden, und die letzte Zahlung lag drei Jahre zurück.

Was bedeutet angesichts dieser Warnungen der hektische Aktionismus, in den die Regierung in Pjöngjang verfiel? Ministerien wurden umbenannt, Verantwortliche für bestimmte Etats ausgetauscht und sogar ein Ministerium für *joint ventures* in der Industrie wurde geschaffen. Und was soll man von der Ankündigung halten, dass der nächste Plan auf spektakuläre Weise übererfüllt werde? Für 1993 wurde eine Getreideproduktion von 15 Millionen Tonnen angekündigt. In Wahrheit belief sich die Ernte nur auf ein Drittel davon. Seit dem Wegfall des Ostblocks wird der internationale Handel in harten Devisen abgewickelt – die das Land nicht hat. Auf dem Land begannen Treibstoff und Dünger auszugehen. In vereinzelten Gebieten kam es zu Hungersnöten.

Der einzige Sektor, auf dem sich Nordkorea gut entwickelt, ist die Rüstungsindustrie. Das Land hat nichts zu essen, bewaffnet sich aber. Die Armee hat mittlerweile eine Stärke von mehr als einer Million Mann erreicht. Nordkorea baut Raketen und verkauft sie in den Mittleren Osten.

Als Kim Il Sung 1994 starb, befand sich sein Sohn Kim Jong Il seit zwanzig Jahren im Dunstkreis der Macht, und schlussendlich setzte er sich gegen die verschiedenen Cliquen seiner Familie durch, vor allem gegen einen seiner Onkel und die zweite Frau seines Vaters. Denn inzwischen bestimmt vor allem die Familie, wer die neue Nummer eins wird. Hwang Jang Yop, der heute als wichtigster nordkoreanischer Überläufer gilt (er war einer der Chefideologen der Partei), betonte damals, dass es keine Garantie gegeben habe, dass das

Erbe der Revolution immer bewahrt werden könnte und dass die Partei an Einfluss hätte verlieren können. In Nordkorea sei dieses Problem jedoch durch den Großen Führer gelöst worden, der eine »einzigartige Theorie und Methode entwickelt habe, um das Erbe der Revolution zu bewahren«. Auf diese Weise rechtfertigte er die erste Machtübergabe nach biologischen Kriterien innerhalb einer kommunistischen Partei. Der dynastische Kommunismus war erfunden, und Kim Jong Il stieg ins Präsidium auf, ins Sekretariat des Politbüros, und wurde schließlich Präsident der Militärkommission. 1992 wurde er sogar zum Marschall ernannt. Dabei hatte der »liebe Kamerad und Führer« Kim Jong Il, der »Juche-Leitstern«, der »einzige Nachfolger des Großen Führers«, der »Große Theoretiker«, der »Erfinder des Kim-Il-Sungismus«, das »beispiellose und unvergleichliche Vorbild für die Anhänger des Kim-Il-Sungismus« vermutlich mehr Schwierigkeiten sich durchzusetzen, als es den Anschein hatte. Erst drei Jahre nach dem Tod seines Vaters wurde er zum Generalsekretär der Partei ernannt, zu einer Zeit, als Nordkorea durch die schwerste Krise seiner Geschichte ging.

Und die Situation verschlechtert sich immer noch weiter. Der nordkoreanischen Landwirtschaft geht es nicht anders als der Landwirtschaft in jedem anderen sozialistischen Regime. Die Maschinerie ist ins Stocken geraten und schafft es nicht mehr, genügend Nahrung für das Volk zu produzieren. Früher konnte man die »starke Motivation« bei der Arbeit auf sowjetischen Kolchosen beobachten: Einen ähnlich stark ausgeprägten Enthusiasmus trifft man bei den Bauern auf den kollektivierten Höfen Nordkoreas an. Und dann macht gelegentlich auch die Natur noch einen Strich durch die Rechnung und macht sich abwechselnd mit Trockenheit und Überschwemmungen bemerkbar. Die Überschwemmungen richten Verwüstungen an, weil Nordkorea wegen

Brennstoffmangels weitgehend abgeholzt ist und weil auf Befehl des Großen Führers hin überstürzt Terrassen angelegt wurden (die Inspiration zu dieser verrückten Idee ist ihm bei seinen Aufenthalten in der Schweiz gekommen, wo er Ähnliches gesehen hatte). Auf die Bewässerungssysteme ist auch kein Verlass, wenn eine Trockenperiode bevorsteht: Die Wasserkanäle sind veraltet, die Reparatur der Kanalisation ist ohne gesunde Arbeiter und ohne Geräte und Maschinen nicht möglich, und beides steht dem Regime nicht zur Verfügung.

Im Jahr 1995 hat das Land der Juche-Ideologie, das Land der Autarkie und Selbstbegnügung, die internationale Gemeinschaft um Hilfe gebeten. Im Jahr 2001 ist Nordkorea, das regelmäßig gedroht hat, seine Nachbarn »in einem Flammenmeer« zu ertränken, das Land, dem weltweit am meisten geholfen werden muss.

2. Hunger, Not, Verzweiflung

Anfang der 90er Jahre lag die nordkoreanische Getreideproduktion bei 4,5 Millionen Tonnen. In den schrecklichen
Jahren 1995 (3,4 Millionen Tonnen) und 1996 (3,7 Millionen Tonnen) sank sie deutlich ab, erst 1999 erreichte sie mit
4,3 Millionen Tonnen wieder das alte Niveau. Jedes Jahr
fehlen ungefähr zwei Millionen Tonnen Getreide, in den
Jahren der ganz großen Hungersnöte sogar drei Millionen
Tonnen, um die Bevölkerung zu ernähren. 1991 startete die
nordkoreanische Regierung eine Kampagne, in der die Bevölkerung aufgefordert wurde, nur noch zwei- statt dreimal
täglich zu essen. Viele Nordkoreaner waren diesen Auffor-
derungen schon längst zuvorgekommen und erwiesen sich
so als wahre Avantgarde. Mancher Übereifrige begnügte sich
mit einer einzigen kargen Malzeit pro Tag. Im Verlauf der
90er Jahre nahmen die Nahrungsmittelzuteilungen Jahr für
Jahr ab.
1998 sank sowohl das Bruttoinlandsprodukt als auch das
Bruttosozialprodukt zum neunten Mal in Folge. Zwischen
1999 und 2001 sind die Indikatoren zwar leicht angestiegen,
aber dabei handelt es sich nur um eine Stabilisierung auf
niedrigem Niveau. Das System der Nahrungsmittelvertei-
lung über Lebensmittelmarken funktioniert nicht mehr. Die
Marken kommen zwar an, aber man bekommt nichts mehr
dafür. Die Jahre 1996 bis 1998 waren ohne Zweifel die
furchtbarste Zeit für Nordkorea seit dem Ende des Kriegs.
Es handelt sich nicht um eine spektakuläre Hungerkatastro-
phe, wie es sie in Somalia oder Äthiopien gab, zumindest
nicht in den Regionen, in denen die Mitarbeiter des Welternährungsprogramms (WFP) und von Pjöngjang akzep-
tierter Nichtregierungsorganisationen (NGOs) arbeiten dür-

fen, sondern um eine chronische Erscheinung, die das Land immer stärker trifft.

Trotz der Arbeit von WFP und NGOs kann man sich nicht darauf verlassen, von der Führung des Landes darüber informiert zu werden, welches Ausmaß, welche Gründe und welche Folgen die ungenügende Versorgung mit Lebensmitteln hat. In Nordkorea hört man die klassische Antwort von Führern kommunistischer Länder, die unfähig sind, ihre verfehlte Wirtschaftspolitik in Frage zu stellen: Das Land werde von Naturkatastrophen heimgesucht. »Wir sind Opfer von Überschwemmungen, genau wie Sie an der Somme«, erklärte mir im Mai 2002 ein Diplomat der Generaldelegation der Demokratischen Volksrepublik Nordkorea (DVRK) in Paris. Wer auf solche Weise die Fehler des Systems zu vertuschen sucht, wird kaum die absurden Entscheidungen der eigenen Führer in Frage stellen. Stalin und Mao begeisterten sich für Erkenntnisse von Schülern des russischen Agrarbiologen Lyssenko, der glaubte, durch Einwirkung auf die Umweltbedingungen könne man die kommunistische Prägung des Menschen vererblich machen, und Breschnew wollte den Lauf sibirischer Flüsse umleiten. Der Liebe Führer, Kim Jong Il, beschloss im April 2001, ganze Regionen seines Landes mit Bulldozern einzuebnen, um so den Boden leichter kultivierbar zu machen und mechanisierte Landwirtschaft zu ermöglichen. Das Vorhaben, ein Land voller Hügel und Berge einzuebnen, ist ebenso wahnsinnig wie technisch undurchführbar, denn Nordkorea verfügt weder über die notwendigen Maschinen noch über ausreichend Dieselöl für solch ein pharaonisches Projekt. Es ist auch wirtschaftlich absurd, denn es läge auch im Interesse der nordkoreanischen Führer, mit den Devisenerlösen aus der Ausfuhr von Produkten der Leichtindustrie, die bislang gemäß dem leninistisch-stalinistischen Entwicklungsmodell der Schwerindustrie geopfert wurden, das fehlende Getreide auf dem Weltmarkt zu kaufen, statt es um jeden Preis selbst zu produzieren.

Die Folgen der Lebensmittelknappheit und der Hungersnot werden systematisch untertrieben: Nordkorea hat offiziell nie mehr als 250.000 Tote bestätigt. Einige politische Beobachter und Nichtregierungsorganisationen sprechen jedoch von mehreren Millionen. Wie kann man zu genauen Zahlen kommen? Der amerikanische Bevölkerungswissenschaftler und Nordkorea-Experte Nicholas Eberstadt kommt auf der Basis einer einfachen und überzeugenden Rechnung auf eine Zahl von zwei Millionen Menschen, die direkt oder indirekt der Hungersnot zum Opfer gefallen sind. Da 687 Abgeordnete an den Sitzungen der Obersten Volksversammlung im Jahre 1998 teilgenommen haben und jeder von ihnen dreißigtausend Bürger vertreten soll, kann man ihm zufolge davon ausgehen, dass die Einwohnerzahl auf unter einundzwanzig Millionen gesunken ist. Seiner Meinung nach kann das nur daran liegen, dass die Zahl der Sterbefälle die Zahl der Geburten um zwei Millionen übersteigt. Eine andere Studie aus dem Jahr 1999, die von Bevölkerungswissenschaftlern der Johns-Hopkins-Universität und von einem südkoreanischen Arzt durchgeführt wurde und der andere Berechnungen zugrunde liegen, kommt zu einer Schätzung, die sehr nahe an der ersten liegt: 2,1 Millionen Tote.

Immer wenn sich eine Gelegenheit bietet, versucht Nordkorea die Folgen dieser Hungersnot zu instrumentalisieren. Man lässt einen naiven Abgeordneten des amerikanischen Kongresses kommen oder einige Vertreter der Welternährungsorganisation (FAO) oder des Welternährungsprogramms (WFP) und informiert sie in berechnender Vertraulichkeit über einige drohende Gefahren. Überwältigt von diesen ebenso schrecklichen wie übertriebenen Nachrichten kehren sie zurück und schlagen Alarm: Wenn nicht sofort etwas geschieht, werden Millionen Kinder sterben! Die Lage ist eine andere, als sie es bei dem Besuch des französischen Ministerpräsidenten Herriot in der Ukraine 1933 war, vor dem die schreckliche Hungersnot verborgen wurde, oder als sie es bei dem Besuch Jean-Paul Sartres auf Kuba war, der sich dort wie in einem Schlaraffenland vorkam. Aber auch Nordkorea manipuliert seine Gäste: Das Land führt den Verantwortlichen des Welternährungsprogramms – Birgitta Kalgren, Catherine Bertini, David Morton – oder amerikanischen Parlamentariern wie Tony Hall, dem demokratischen Senator Ohios, ausgewählte Notlagen vor, damit sie zu bedingungsloser Hilfe für ein Land aufrufen, das vom Schicksal grausam getroffen ist.

Der verhöhnte Westen, der von der Geschichte bestraft zu sein scheint, spendet immer wieder. Trotz der verschwenderischen Ausgaben des Regimes für die Geburtstagsfeiern der Familie des obersten Führers und für die Tausenden von überall im Land aufgestellten Statuen, trotz des Baus von Langstreckenraketen, deren Reichweite jedes Jahr zunimmt, trotz des Unterhalts einer aufgeblähten Armee, die die Nachbarländer bedroht, finden sich jedes Jahr die gleichen Länder auf der Liste der Spender. Ein großer Teil der 811.000 Tonnen Getreide, die das WFP 2001 an Nordkorea geliefert hat, kommt aus den USA, Gleiches gilt für die 600.000 Tonnen, die Nordkorea 2002 bekommen hat. Südkorea, Japan und die Europäische Union sind genauso mit von der Partie wie China und Länder wie Syrien, das einen Teil seiner Raketenkäufe kaum verhüllt durch Hilfslieferungen bezahlt. Im Jahr 2000 betrug die internationale Hilfe eine Million Tonnen Getreide – 70 Prozent des nordkoreanischen Getreidedefizits. Das Rätsel der massiven Unterstützung durch Länder, die von Pjöngjang ausdrücklich als Feinde bezeichnet werden, lässt sich lösen: Ziel der europäischen, amerikanischen, japanischen, chinesischen und südkoreanischen Strategie ist es, einen wirtschaftliches Zusammenbruch Nordkoreas zu verhindern. Er wäre gleichbedeutend mit der Destabilisierung der gesamten Halbinsel und einem möglichen Krieg; für Südkorea könnte es die finanzielle Katastrophe bedeuten, wenn das Land die Kosten einer plötzlichen Wiedervereinigung übernehmen müsste.

Vor allem französische Nichtregierungsorganisationen sind nach Nordkorea gekommen, um der Bevölkerung zu helfen. Aber sie haben sich schnell wieder zurückgezogen, als sie feststellen mussten, dass es keine Möglichkeit gab sicherzustellen, dass die Hilfe denen zugute kam, die sie am dringendsten brauchen. Sie beklagen, dass die Gesamtheit der Hilfsgüter über die offiziellen Strukturen verteilt wird und die schwächsten Bevölkerungsgruppen nicht erreicht. Der freie und direkte Zugang zu den Hungeropfern wird verweigert. Für die Geberländer der UNO gleicht Nordkorea einem Fass ohne Boden, und sie müssen mit ansehen, dass ihre Rufe nach Reformen verhallen. Handelt es sich bei der Hilfe der UNO nicht vor allem um einen diplomatischen Einsatz, mit dem militärischer Gefahr aus Nordkorea begegnet werden soll? In einem Papier der Action contre la faim (ACF) aus dem Jahr 2000 wird gefragt, ob nicht eher darauf abgezielt werde, das Regime zu stabilisieren als den Ärmsten zu helfen.

Gelegentlich ist zu lesen, dass die nordkoreanische Armee internationale Hilfe massiv in eigene Kanäle umleite. Das ist sehr unwahrscheinlich, weil die Armee nicht nur selbst Getreide anbaut, sondern auch Vorrang bei der Verteilung der einheimischen Ernte hat. Die Nahrungsmittel, die im eigenen Land hergestellt werden, gehen zunächst an die Institution, die das Rückgrat des Landes darstellt und die Zukunft des politischen und sozialen Systems Nordkoreas sichert. Die internationale Hilfe wiederum geht vor allem an die Nomenklatura des Landes.

Es ist wahr, dass die Ärmsten keine systematische Hilfe erreicht, und schon mancher westliche Helfer musste entsetzt mit ansehen, wie nordkoreanische Kinder mit Fußtritten von Soldaten verjagt wurden, die Konvois mit Getreide oder Kartoffeln schützten. Wer kann unberührt bleiben, wenn er Augenzeugenberichte wie den von Violaine de Marsangy liest, die im Auftrag der ACF drei Monate in Nordkorea verbrachte?

»Sechs Stunden lang haben wir Kartoffeln aus unseren Taschen fallen lassen, heimlich, sodass die furchtbaren Männer mit den Brillen es nicht sahen, wohl aber die in Lumpen gekleideten Kinder … Ich empfinde Abscheu für diese Typen, die einfach so tun hätten können, als ob sie nichts sähen, die aber auch einfach die armseligen Kinder und Frauen die wenigen Kartoffeln von den Gleisen hätten auflesen lassen können. Ihre dicken Brillen mit den rechteckigen großen Gläsern und vergoldeter Fassung verraten ihre Schäbigkeit, ihren unangebrachten Stolz, ihre Geltungssucht und ihr Bedürfnis nach Anerkennung. Einige warfen mit Steinen nach den Kindern und spielten sich als Aufseher auf. Ich habe selbst gesehen, dass sich die gleichen Männer abends die Taschen füllten. Ich empfinde auch Mitleid für die Armen und ihre Scham, die niemanden mehr interessieren, wenn die Dollars angekommen sind. Mir tut die Frau Leid, die trotz scharfer Pfiffe die Kartoffeln aufsammelte, die ich neben den Schienen liegen gelassen hatte und die ihren Verfolger voller Hass beschimpfte. Was für ein Leben führen diese Menschen? Was versteckt sich hinter den Fassaden dieses Bahnhofs? Ich wage nicht, es mir vorzustellen, und ich stelle traurig fest, dass ich nicht länger in diesem Land bleiben möchte, um ihnen zu helfen. Die nordkoreanischen Herrscher sind stärker als wir. Sie benutzen das Elend, um ihre Stellung zu festigen, und sie verdienen noch daran. Sie verbreiten überall Terror, der die Intellektuellen paralysiert und den Rest des Volks zu Tieren werden lässt.«

Natürlich sind nicht alle Regionen in gleichem Ausmaß betroffen. In den Gebieten an der chinesisch-koreanischen Grenze, die durch die Flüsse Tumen und Jalu (von den Koreanern Amnokkang genannt) markiert wird, ist die Versorgungssituation dank des Schmuggels etwas besser. Und auch im Süden des Landes, wo landwirtschaftlich bessere Bedingungen herrschen, an den großen Häfen, in Nampo und Wusan, wo die internationale Hilfe ankommt, und in Pjöngjang, das, wie Hauptstädte anderer kommunistischer Länder, vom Status des offiziellen Schaufensters des Landes profitiert, sind die Lebensbedingungen weniger erbärmlich.

Seit dem Tiefpunkt Mitte der neunziger Jahre scheint sich die Lage generell wieder etwas verbessert zu haben. Anders als zu dieser Zeit hört man keine Berichte mehr über Kannibalismus; und die kleinen Kinder, die an der Grenze aufgegriffen werden, zeichnen keine merkwürdigen Bilder von Schlachtbänken mehr, auf denen statt Koteletts menschliche Gliedmaßen zu erkennen sind. Es ist jetzt, im Jahr 2003, vier Jahre her, dass man davon hörte, dass Kindermörder hingerichtet wurden, deren Fleisch mit Schweinefleisch vermengt auf dem Markt verkauft wurde.

Trotzdem bleibt die Lage dramatisch – und nicht nur in der Nahrungsmittelversorgung. Die Menschen in Nordkorea sterben nicht nur an Unterernährung, sondern auch an der Grippe, die nicht behandelt wird, an Darmentzündungen, die auf den beklagenswerten Zustand des Trinkwassers zurückzuführen sind, an Temperaturen, die in den unbeheizten Häusern bis auf minus 25 Grad sinken, an Blinddarmentzündungen, die mangels Betäubungsmitteln nicht operiert werden können … Das Land hat sich langsam in eine Parallelwelt verwandelt, in der an allem Mangel herrscht, an Lebensmitteln, Energie und Medikamenten. Das öffentliche Leben ist stark gestört. Die Unternehmen siechen dahin, die Schulen und die Kindergärten sind halb leer – angesichts der Lage ist es kein Wunder, dass die Kinder in der Schule fehlen. Wenn sie doch in den Unterricht kommen, fehlt ihnen jedes Interesse, jede Energie – sie setzen sich und dösen vor sich hin. Häufig bestehen ihre »Mahlzeiten« bloß aus Mais und aus »Brot« von Sojabohnen, Wurzeln und Gras. In der Industrie ist das Bild nicht viel besser. Die Fabriken sind nur zu einem Fünftel ausgelastet: Den Arbeitern fehlt jede Kraft; es mangelt an Energie, Rohstoffen und Ersatzteilen.

Die Situation in den Krankenhäusern ist erbärmlich: Heizungen fehlen oder existieren nur in einzelnen Abteilungen, die Ausstattung ist veraltet, es gibt keine Antibiotika, keine Antiseptika, kein Verbandsmaterial und keine Kompressen. Weil keine Infusionsflaschen zur Verfügung stehen, behilft man sich mit Bierflaschen, in die mit etwas Zucker aufgekochtes Wasser gefüllt wird. Es fehlen Betäubungsmittel, Spritzen, Medikamente, Desinfektionsmittel und sogar Seife – von sterilen Einmalhandschuhen ganz zu schweigen. Hinzu kommen die häufigen Stromausfälle. Die Ärzte, die häufig in der DDR ausgebildet wurden und kompetent sind, haben keine Ahnung, wie sich die Medizin seit ihrem Studium weiterentwickelt hat. Die Kleinkinder sind schmächtig und unterdurchschnittlich klein. Ein siebenjähriges Kind aus Nordkorea wiegt zehn Kilo weniger und ist 20 Zentimeter kleiner als sein Altersgenosse aus dem Süden. Sein 14-jähriger Bruder sieht aus, als wäre er neun oder zehn Jahre alt. Die Wochenzeitschrift *Economist* schrieb am 7. August 1999, dass sich die Sterblichkeitsrate zwischen 1995 und 1997 verdoppelt und in den schlimmsten Zeiten 26 Promille erreicht habe, während die Geburtenrate auf sieben Promille gefallen sei.

Nicht alle Bevölkerungsgruppen sind gleichermaßen betroffen. Einem aktuellen Bericht der Organisation Médecins sans frontières zufolge hängt die Zuteilung von Nahrungsmitteln davon ab, ob man zur Führungsschicht gehört, ob man Mitglied der Partei ist, ob man von einer Familie abstammt, deren Mitglieder gegen die Japaner gekämpft haben, ob man »normaler« Bürger oder eins dieser wenig zuverlässigen Elemente ist, dessen Familie zum Beispiel aus dem Süden der Halbinsel stammt.

Nur die Elite der Parteifunktionäre und der Armee muss sich keine Sorgen machen, wie sie sich den Magen voll schlagen soll. Kim Jong Il und sein Hof stellen einen Sonderfall dar: Mangelwaren werden in Sondermaschinen eingeflogen, in der Schweiz und in Portugal stehen luxuriöse Villen zur Verfügung, in Hongkong und anderswo liegen Jachten im Hafen. Viele Mitglieder der nordkoreanischen Führungsschicht besitzen Privathäuser in der großen chinesischen Stadt Dandong, die auf der anderen Seite der Jalu-Mündung gegenüber der nordkoreanischen Stadt Sinuiju liegt. Einige betreiben Spionage, andere machen Geschäfte. Aber alle haben Zugang zu Konsumgütern, von denen der nordkoreanische Normalbürger noch nicht einmal zu träumen wagt.

Kurz vor Beginn der Hungersnot erhielt ein Nordkoreaner, der aus einer »normalen« Familie stammt, eine Tagesration von 400 Gramm Reis-Getreide-Mischung zugeteilt. Bei der alle zwei Wochen stattfindenden Verteilung bekam ein Schüler 400 Gramm pro Tag, ein Soldat 600 bis 700 Gramm, Kleinkinder, die jünger waren als drei Jahre, 100 bis 200 Gramm und alte Leute (von denen es in Nordkorea, wo man mit 60 Jahren schon als hochbetagt gilt, immer weniger gibt) 300 Gramm. Auch jetzt ist die Lage noch schwierig. Zwar liegen die Rationen nicht mehr bei 200 Gramm wie auf dem Höhepunkt der Hungersnot, aber sie haben immer noch nicht das Niveau der frühen 90er Jahre erreicht.

Manche Tote werden mit einer Pracht begraben, die unglaublich erscheint angesichts der Probleme, mit denen sich die Masse der Nordkoreaner herumschlagen muss. Das Mausoleum in Keumsusan, wo der Leichnam des Großen Führers Kim Il Sung begraben liegt, hat 200 Millionen Dollar gekostet, und jedes Jahr werden wahnsinnige Summen ausgegeben, um seinen Geburtstag zu feiern.

Auch wo man lebt, ist entscheidend für die Menge der zugeteilten Lebensmittel. Der Anteil von Reis und anderem Getreide in den Lebensmittelrationen hängt davon ab, ob man in der Hauptstadt wohnt oder nicht. Während hohe Funktionäre immer Reis bekommen, ob sie in Pjöngjang wohnen oder nicht, liegt der Reisanteil der Lebensmittelrationen von Zwangsarbeitern bei 60 Prozent, wenn sie in der Hauptstadt leben, aber nur bei 30 Prozent auf dem Land. In Pjöngjang lebt nur die kleine Gruppe, die an der Spitze der Macht steht, einigermaßen gut. Wie soll man das Leben der Menschen beschreiben, die in einem dieser hübschen Häuser mit zehn oder fünfzehn Geschossen leben, in denen es kein Trinkwasser gibt und wegen Energiemangels auch keinen Aufzug? Sie bauen ein bisschen Gemüse auf ihren Balkonen an – sofern sie welche haben – oder auf der Wiese vor dem Haus. Aber sie müssen sich vor Dieben in Acht nehmen. Früher wurden auf den Flächen zwischen den Gebäuden Schweine und Hühner gehalten. Aber nachdem die Schweine zum großen Teil gestohlen wurden, haben viele Mieter damit begonnen, sie bei sich selbst aufzuziehen. Ein Teil der eigenen Wohnung dient mittlerweile der Viehzucht! Und wenn es nur ein einziges Zimmer gibt, was häufig der Fall ist, dann schlafen die Menschen zusammen mit Schweinen oder Hühnern. Und selbst in den Wohnungen der höheren Funktionäre muss das Wasser mit Eimern geholt werden. Die Toiletten sind nicht mehr benutzbar, stattdessen werden Eimer verwendet. Die Exkremente werden mit

Erde vermischt und als Düngerersatz an Kolchosen verkauft. Nordkorea wird von der Hilfe der UNO und des Welternährungsprogramms abhängig bleiben. Aber die Arbeit der internationalen Organisationen wird genau wie die der verbliebenen NGOs immer schwieriger werden; denn sie können kein Interesse daran haben, ein Regime zu unterstützen, das sie an der Nase herumführt, das die notwendigen Wirtschaftsreformen verweigert, das bewusst die eigene Situation und die Lage der Hilfsbedürftigen verschleiert und dem politische Überlegungen immer wichtiger sein werden als die Bedürfnisse der Menschen. Der für Nordkorea zuständige Direktor des Welternährungsprogramms, Richard Corsino, beklagte vor kurzem, dass viele Experten von Hilfsorganisationen, die aus Ländern wie den Vereinigten Staaten, Japan, Südkorea oder Taiwan kommen und solche Überlegungen anstellen, kein Visum mehr erhalten. Obgleich ihre Hilfe wertvoll sein könnte, vor allem für Millionen unterernährte und kranke Kinder, die dringend Medikamente brauchen, werden Bürger von Staaten, die auf Nordkoreas schwarzer Liste stehen, an der Grenze häufig zurückgeschickt.

Durch das sozialistische System der Rationierung von Nahrungsmitteln ist ein Schwarzmarkt entstanden; aber die dort verlangten Preise sind für einen Großteil der Bevölkerung unerschwinglich: Für ein Kilo Reis wird etwa ein Monatslohn verlangt. Deshalb wird alles Mögliche verkauft, auch das, was nur wenig einbringt. Die Arbeiter aus den fast stillstehenden Fabriken versuchen überall auf dem Land, die fehlenden Ersatzteile zu bekommen. Auch die Reisemöglichkeiten werden immer stärker eingeschränkt: Um dorthin zu kommen, wo es Lebensmittel oder Kleidung billig gibt oder wo es sie überhaupt gibt, muss zunächst der Parteisekretär bestochen werden. Erst dann kann man versuchen, mit den völlig unzuverlässigen Zügen zu fahren, die häufig so überfüllt sind, dass man durch das Fenster hineinklettern muss, und in denen man der Polizei, Kontrolleuren und Dieben ausgeliefert ist. Die Züge sind veraltet, fahren selten, kommen nur langsam und ruckelnd voran, fallen häufig aus oder verunglücken.

In diesem Kampf ums Überleben schwindet die Solidarität mit der Partei und der Armee, die in Propagandafilmen verherrlicht werden: Für das Volk sieht es vielmehr so aus, als ob die Parteifunktionäre und die Militärs ihm die dringend benötigten Lebensmittel vorenthalten. Trotz alledem stellen die Nordkoreaner das politische System ihres Landes noch nicht in Frage. Das hätte auch strenge Strafen zur Folge: Eine alte Frau, die, ohne jemanden zu beschuldigen, in einer Warteschlange anmerkte: »Es ist schrecklich, genau wie in den schlimmsten Zeiten der japanischen Besetzung«, wurde umgehend festgenommen.

Eine neue Ära hat begonnen, in der sich jeder nur noch um sich selbst kümmert, um sich irgendwie durchzuschlagen. Die Selbstbestimmung, die das höchste Ziel der Juche-Ideologie ist, wird von den Nordkoreanern nicht mehr so verstanden, dass ihr Staat vollkommen unabhängig agieren kann, sie wird vielmehr so interpretiert, dass jeder Einzelne Herr seines Schicksals ist: Diebstahl wird immer verbreiteter, die Gewalt nimmt zu, und die Polizei, obgleich auf der Hut, kommt kaum nach. Die Kinder streunen in Lumpen umher. Einigen gelingt es, die chinesische Grenze zu überqueren, man nennt sie *kodjebi* – die »fliegenden Schwalben«. Diejenigen, die in Freiheit sind, betteln, klauen und bilden Banden, sie schlafen auf Baustellen, in Kellern oder in verlassenen Häusern. Wenn die Polizei sie fasst, werden sie in speziellen Haftanstalten weggesperrt.

Die gesamte nordkoreanische Gesellschaft ist durch die Folgen der Hungersnot erschüttert worden. Die Familienbande, die in Ostasien eigentlich eng sind, zerbrechen: Die Menschen verlassen ihr Zuhause, um an Nahrungsmittel zu kommen; und manchmal sterben sie dann in der Fremde, oder sie werden einige Zeit wegen Diebstahls, Gewalttätigkeit oder Trunkenheit inhaftiert. Trotz der Präsenz der Armee wird Getreide gestohlen, und Ersatzteile oder Metalle wie Kupfer verschwinden, wenn sie leicht an der chinesischen Grenze zu verkaufen sind.

Wer hätte jemals gedacht, dass die chinesische Grenze einmal wie ein Eldorado wirken könnte? Um zu verstehen, warum die Nordkoreaner, die aus ihrem Land fliehen, nach China gehen, genügt ein Blick auf die Karte: Im Süden befindet sich die so genannte entmilitarisierte Zone, die die beiden Koreas trennt; dabei handelt es sich um einen zweihundertvierzig Kilometer langen und vier Kilometer breiten Streifen voller Stacheldrahtzäune und Minen, der Tag und Nacht von zehntausenden bewaffneten Männern mit Hunden und elektronischen Geräten überwacht wird. Das ist kein geeigneter Weg für Fluchtversuche. Nur wenigen ist es bislang gelungen, diese Zone zu durchqueren, meistens handelt es sich dabei um Soldaten. Kaum mehr konnten mit Booten fliehen. Die ersten, die 1987 diesen Weg wählten, wagten es nicht, direkt in den Süden zu fahren, und sind stattdessen in Richtung China aufgebrochen. Mittlerweile ist dieser Fluchtweg etwas populärer. Allein im August 2002 sind 21 *boat people* nach Südkorea gelangt.

Im Gegensatz dazu ist die Flucht über die chinesische Grenze im Norden leichter. Vor allem seit Beginn der Hungersnot Anfang der 90er Jahre ist hier Hunderttausenden die Flucht gelungen. Die Untersuchungen der großen Hilfsorganisationen zeigen, dass die große Mehrheit der Männer und Frauen, die nach China gelangen und auf Bauernhöfen und in Fabriken Arbeit finden, nach einigen Monaten zurückkehren, um ihren Familien Nahrungsmittel, Medikamente und etwas Geld zu bringen. Es handelt sich zwar um chinesisches Geld, aber die Grenze ist inzwischen so durchlässig, dass der Yuan im nördlichen Teil Nordkoreas längst als inoffizielles Zahlungsmittel akzeptiert wird.

Die Grenzflüsse Jalu und Tumen sind an manchen Stellen nur wenige Meter breit, sodass es mehrere Möglichkeiten gibt, sie zu überqueren. Entweder man schwimmt im Sommer auf die andere Seite, oder man wartet darauf, dass der Wasserlauf im Winter zufriert. Man kann sich auch professionellen Schleusern anvertrauen, korrupte Grenzwächter bestechen oder einfach auf sein Glück vertrauen. Vor wenigen Jahren noch waren das alles sehr riskante Abenteuer. Wurde man geschnappt, wartete das Gefängnis oder die Todesstrafe.

Heutzutage ist die Zahl der Nordkoreaner, die versuchen zu fliehen, so groß und die allgemeine Lage so desolat, dass sich viele Grenzsoldaten überzeugen lassen, gegen geringe Geldsummen oder kleine Geschenke wegzusehen. Zwar sind Komplikationen noch immer möglich, und man kann immer noch auf Offiziere treffen, die besonderen Eifer an den Tag legen, aber im Normalfall kommt man mit einer Tracht Prügel oder ein paar Tagen Gefängnis davon. Oft wird sofort danach der nächste Fluchtversuch unternommen, koste es, was es wolle. Man versucht, einen der zahlreichen Chinesen kennen zu lernen, die in der Nähe von Yangi, der Hauptstadt einer »autonomen nordkoreanischen Provinz« leben und Koreanisch sprechen. Oder man sucht einen der evangelischen Pastoren auf, die sich entlang der chinesischen Grenze um die unglücklichen Flüchtlinge kümmern, sie aufnehmen, Lebensmittelvorräte anlegen und ihre Flucht an sicherere Orte organisieren.

Für viele ist die Flucht nach China aber auch ein gefährliches Unternehmen. Der große Nachbar im Norden hat einen Vertrag mit Nordkorea unterzeichnet, in dem er sich verpflichtet, alle nordkoreanischen Staatsbürger zurückzuschicken, die den Wohltaten der Juche-Ideologie und des

Sozialismus feige den Rücken gekehrt haben. Bis zum Sommer 2002 hat China in dieser Hinsicht zwar keinen großen Eifer an den Tag gelegt, aber gelegentlich scheint die Regierung beweisen zu wollen, dass sie Herr der Lage ist, keine Unruhe an der Grenze akzeptieren und keineswegs als Schutzmacht der Flüchtlinge gelten will. Die chinesischen Führer wollen keine Dynamik entstehen lassen, wie sie 1989 durch die Massenflucht der DDR-Bürger an der österreichisch-ungarischen Grenze entstanden ist. Sie lehnen auch die Forderungen zahlreicher Organisationen ab, all jenen, die sie als »illegale Einwanderer« bezeichnen, einen offiziellen Flüchtlingsstatus zu verleihen. In offiziellen Verlautbarungen verkündet Peking ungeniert, dass die Nordkoreaner nicht vor politischer, religiöser oder rassischer Verfolgung fliehen – und dass sie deshalb nicht unter die Kategorien fallen, die die UNO 1951 für Flüchtlinge festgelegt hat: Anrecht auf Schutz hat, wer begründete Angst vor Verfolgung auf Grund seiner Rasse, seiner Religion oder Nationalität hat.

Die Männer, Frauen und Kinder fliehen zwar vor allem vor der Hungersnot, aber auch vor der totalen Perspektivlosigkeit, vor ihrem armseligen, kargen, überwachten und bedrohlichen Alltag. Sie suchen etwas zu essen, sie suchen aber auch ein besseres, freieres Leben, in dem es Hoffnung gibt. Man muss von Heuchelei sprechen, wenn Peking diese Menschen als Wirtschaftsflüchtlinge bezeichnet und der Hohe Flüchtlingsrat der UN sich scheut, das als Skandal zu brandmarken.

Bis Mitte der 90er Jahre hat sich China für diese Frage nicht interessiert, zumal die Zahl der Flüchtlinge gering war. Erst als sich deren Zahl verzehnfachte, konnte die Regierung das Problem nicht länger ignorieren. Es handelte sich nicht länger nur um wenige Männer, sondern mittlerweile auch um ausgehungerte Frauen und Kinder. Und in der gleichen Zeit, in der die Flüchtlingsgruppen anwuchsen, nahm auch die Bereitschaft zum »Wegsehen« und die Korruption bei den nordkoreanischen Grenzsoldaten zu.

Wenn man die sozialen Probleme der Mandschurei kennt, die hohe Arbeitslosigkeit, die häufigen sozialen Unruhen als Folge der Umstrukturierungen und Privatisierungen der Industrieunternehmen, versteht man die Besorgnis, die die Flüchtlinge bei der chinesischen Regierung hervorrufen. 1999 sollen zwischen 7000 und 10.000 Nordkoreaner zurückgeschickt worden sein. Ein Jahr später lag die Zahl noch höher, und gleichzeitig wurde an der Grenze häufiger patrouilliert. Als im Jahr 2002 Flüchtlingsgruppen westliche Botschaften besetzten, verstärkte China die Rückführungen noch und begann damit, die Helfer hart zu bestrafen.

Auch wenn Peking mit Tricks und Haarspaltereien die von der UNO definierten Rechte und Pflichten umgeht, bleibt es unstrittig, dass jeder Mensch das Recht hat, sein Land zu verlassen, vor allem wenn dort eine unbarmherzige und unfähige Diktatur herrscht. Die chinesische Polizei weigert sich jedoch, dieses Recht anzuerkennen. Und schlimmer noch: Manche Chinesen liefern die Flüchtlinge den Behörden aus. Teils, weil sie von den Geldprämien dazu verlockt werden, die vor kurzem von 2000 auf 5000 Yuan (von 260 auf 650 Euro) verdoppelt wurden, teils, weil ihnen mit Geldstrafen bis zu 30.000 Yuan (3900 Euro) gedroht wird, falls sie »Menschen oder Tiere« von der anderen Seite der Grenze bei sich aufnehmen.

In der Region operieren Banden, die Frauen gefangen nehmen, um sie an chinesische Bauern oder Stundenhotels weiterzuverkaufen. Sie sind perfekt organisiert und sprechen sich per Mobiltelefon ab. Die Gruppen haben aus der Fluchtbewegung ein einträgliches Geschäft gemacht: Sie verdienen an den Flüchtlingen, denen sie helfen, den Fluss zu überqueren, und sie verdienen an den Frauen, die sie »aufnehmen« und weiterverkaufen oder zur Prostitution zwingen. Den recht glaubwürdigen Statistiken der buddhistischen Organisation Good Friends zufolge, die an der Grenze versucht, diesen Unglücklichen zu helfen, ist die Hälfte der Frauen, die aus Nordkorea geflüchtet sind, auf die eine oder andere Weise Opfer dieser Banden geworden.

Manchmal bedarf es für eine Demütigung nicht einmal dieser Banden. Einige ausgehungerte Väter oder Mütter stützen sich auf die traditionelle Sitte, nach der Eltern über die Heirat ihrer Kinder entscheiden können, und bieten ihre Töchter als Ehefrau zum Kauf an! In Yangji (die Koreaner sagen Yonbyon), der Hauptstadt der autonomen Provinz Yanbian, kostete eine Frau vor drei Jahren zwischen 800 und 1200 Dollar. Von den Kindern, die die Grenze überquert haben, gibt jedes fünfte an, Waise zu sein, jedes vierte Kind hat schwer kranke Eltern, und zwei von fünf Kindern haben nur noch ein Elternteil, das jedoch außerstande ist, sich um sie zu kümmern …

Wem die Flucht gelingt, der lebt ohne gültige Papiere als Illegaler in der ständigen Angst vor Denunziation, übernimmt schlecht bezahlte Hilfsarbeiten und verfügt über keinerlei Rechte. Um welche Größenordnung geht es hier? Während China, in der Absicht, das Problem kleinzureden, von 10.000 Grenzübertritten spricht, gibt das Hochkommissariat der Vereinten Nationen eine Zahl von 30.000 Flüchtlingen an. Ohne dass man eine exakte Angabe machen könnte, ist es unzweifelhaft, dass die wirkliche Zahl höher liegt – vielleicht bei 200.000 Menschen. Manche NGOs gehen von noch weitaus höheren Zahlen aus. Genau wird man es nicht herausfinden können. Die Grenze wird inzwischen in beide Richtungen überquert. Manche Flüchtlinge kehren zwei- oder dreimal pro Jahr zurück, fast wie Gastarbeiter, und bringen außer Medikamenten, Lebensmitteln oder Kleidung unglaubliche Berichte aus dem Land zurück, wo man atmen kann, ohne dem Großen Führer dafür danken zu müssen, und wo das Leben trotz aller Schwierigkeiten, die es dort auch gibt, nicht ein einziger Kampf ums Überleben ist.

Einige wenige Flüchtlinge überwinden die kurze gemeinsame Grenze mit Russland oder gelangen über einen Umweg durch China dorthin. Der Empfang der Bevölkerung dort ist weniger herzlich: Die ethnischen Koreaner sind russifiziert worden, was zu Sprach- und Verständnisproblemen führt, und sie sind sehr arm. Normalerweise schickt Russland die Flüchtlinge nicht zurück, sondern übergibt sie dem Hohen Flüchtlingskommissariat der Vereinten Nationen (UNHCR). Im November 1999 gerieten jedoch sieben Menschen, die über China nach Russland geflohen waren, weltweit in die Schlagzeilen. China verlangte, dass sie auf chinesisches Gebiet zurückgebracht würden. Und obwohl Russland dabei war, die Vorbereitungen für eine Überführung der Flüchtlinge nach Seoul zu treffen (und schon die Flugzeugtickets reserviert hatte), wurden sie nach China zurückgeschickt und schließlich Nordkorea übergeben.

Um ihnen aus ihrer desolaten Lage zu helfen, bringen die Fluchthelfer unter großem persönlichen Einsatz diejenigen, die es wünschen, über die relativ nahe Mongolei oder auch über entferntere Länder wie Thailand, Burma oder Vietnam nach Südkorea. Einige fahren bis nach Moskau. Diese Männer und Frauen stellen nur einen winzigen Bruchteil der Flüchtlinge dar, aber ihre Zahl steigt deutlich und kontinuierlich an. Zwischen 1990 und 1993 waren es kaum ein Dutzend, zwischen 1994 und 1998 waren es schon mehrere Dutzend. Seit 1999 sind es schon mehrere Hundert – mittlerweile verdoppelt sich ihre Zahl jedes Jahr: 1998 sind 71 Nordkoreaner nach Seoul gekommen, 1999 waren es 148, im Jahr darauf 312, und im Jahr 2001 waren es schon 583. Trotz schärferer Kontrollen sind im Laufe des Jahres 2002 fast 1000 Flüchtlinge nach Südkorea gekommen. Manchmal kommen ganze Familien. Das erklärt auch, wieso der Anteil Frauen, der Mitte der 90er Jahre nur ein Fünftel ausmachte, heute etwa bei fünfzig Prozent liegt. Seit dem Ende des Kriegs 1953 sind etwa 2000 Menschen aus dem Norden gekommen, von denen fast die Hälfte in Seoul und der Umgebung lebt.

Nicht alle Fluchthelfer sind Humanisten. Manche Fluchtorganisationen lassen sich bezahlen, häufig von südkoreanischen Geschäftsleuten, die Mitglieder ihrer Familie zu sich holen möchten. Pro Person kostet die Flucht – ein falscher chinesischer Pass inbegriffen – etwa zwei Millionen Won (1700 Euro). Die genauen Preise hängen vom Fluchtweg ab: Meist führt er durch die Mongolei, Laos, Burma oder Vietnam. Die Verträge sind zudem nicht »offiziell«: Gelegentlich erhöhen die Fluchthelfer den Preis in der letzten Minute, damit ein weiteres Familienmitglied ebenfalls fliehen kann. Wer will sich darüber beschweren?

Wird der Wunsch, nach Südkorea zu fliehen, immer größer? Sind die Fluchthelfer aktiver geworden und besser organisiert? Warum die Nordkoreaner nach Südkorea wollen, ist klar: Neuankömmlinge stoßen auf keinerlei Sprachprobleme, sie bekommen eine ansehnliche Summe als Startgeld ausgezahlt, ihnen wird geholfen, sich in die Gesellschaft zu integrieren, und sie erhalten juristischen Schutz.

Im Frühling und Sommer 2002 hat eine neue Phase begonnen: Mit Hilfe von Menschenrechtskämpfern wie dem deutschen Arzt Norbert Vollertsen und protestantischen Pfarrern wie dem koreanischstämmigen Amerikaner Douglas Shim sind einige spektakuläre Aktionen organisiert worden, die größeren Gruppen die Flucht ermöglicht haben. Ein Jahr nach der Besetzung des Büros des UNHCR in Peking im Juni 2001 gelang es etwa 100 Nordkoreanern, ohne Vorankündigung in mehrere diplomatische Vertretungen einzudringen: Erstes Ziel war die Botschaft Spaniens

(14. März 2002), dann folgte das japanische Konsulat in der Mandschurei, in Shengyang (8. Mai 2002), das amerikanische Konsulat in der gleichen Stadt (9. Mai 2002), die kanadische Botschaft (10. Mai und 8. Juni 2002), die Büros der diplomatischen Vertretung Südkoreas (23. Mai, 9. Juni, 11. Juni und 14. Juni 2002), Albaniens (13. August 2002) und schließlich Deutschlands (August 2002). Die Nordkoreaner stürmten die Botschaften und forderten, nach Südkorea ausreisen zu können, ohne sich verstecken zu müssen.

Auf diese Aktionen reagierten die Chinesen unglücklicherweise mit Massenverhaftungen entlang der Grenze, die jene aus dem Jahre 1999 noch übertrafen. Einige Schätzungen gehen von mehreren hundert Menschen aus, die seit April 2002 in jedem Monat zurückgeschickt werden, andere Angaben belaufen sich auf 10.000 Personen für den gesamten Zeitraum. Die Chinesen haben die westlichen Botschaften mittlerweile zu Festungen umgebaut, sie mit Stacheldraht umzäunt; und wer sich der Botschaft auch nur nähert, wird genau kontrolliert.

Der Sommer 2002 war deshalb eine der schwierigsten Perioden seit langem für die koreanischen Flüchtlinge: Wenn die Polizei in der Nähe der koreanischen Grenze jemanden fand, der kein Chinesisch sprach und sich nicht ausweisen konnte, war sein Schicksal besiegelt. Er wurde festgenommen und zurückgeschickt. Die Polizei überwachte alle Wege in die Mongolei. Zahlreiche neue Grenzpolizisten wurden abgestellt, um möglichst viele Flüchtlinge aufzugreifen und festzunehmen. Ihre Unterstützer, meist Mitglieder der protestantischen Fluchthilfeorganisationen, werden verfolgt, verhaftet oder zu hohen Geldstrafen verurteilt.

Welche Wahl bleibt den Flüchtlingen, die noch in China sind? Für immer nach Nordkorea zurückzukehren kommt für die meisten nicht in Frage. Sie bleiben im Land, halb legal und ohne jeden juristischen Schutz; sie schlagen sich mit

Hilfsarbeiten durch und sparen so viel wie möglich, um die zurückgelassene Familie auf der anderen Seite des Jalu zu unterstützen und um sich eines Tages für 1000 Dollar auf dem Schwarzmarkt eine Aufenthaltsgenehmigung für China kaufen zu können.

Wessen Fluchtversuch scheitert oder wer aufgegriffen und den nordkoreanischen Behörden übergeben wird, den erwartet in jedem Fall die Inhaftierung und eine Untersuchung. All das kann mehrere Tage oder Wochen dauern. Noch schwieriger ist die Lage für alle, die schon einmal festgenommen wurden, denen Kontakt zu religiösen Gruppen nachgewiesen werden kann oder die länger als ein Jahr im Ausland waren. Für Offiziere, Parteimitglieder oder von der Justiz Verfolgte gelten darüber hinaus noch erschwerende Umstände. Als Strafe kann Arbeitslager angeordnet werden – und manchmal Schlimmeres.

Neben dem Exodus der ausgehungerten verarmten Bevölkerung gibt es ein weiteres Phänomen: Ein – wenn auch kleiner – Teil der Elite verlässt das Land. Bei diesen Günstlingen des Regimes, die keine Nahrungssorgen kennen und in den internationalen Konferenzsälen zu Hause sind, handelt es sich gewiss nicht um bloße Wirtschaftsflüchtlinge. Beispiele für diese Gruppe sind Ko Yong Hwan, Erster Sekretär der nordkoreanischen Botschaft in Zaire (Mai 1991); Choe Sung Il, Mitarbeiter der Botschaft in Sambia (Januar 1996); Jan Sung Il, Botschafter in Ägypten (Ende August 1997); Kim Tong Su, Beauftragter für die Zusammenarbeit mit dem Welternährungsprogramm in Rom, und vor allem der bis heute höchstrangige Flüchtling, der Vater der Juche-Ideologie, Hwang Jang Yop, der gemeinsam mit seinem Freund Kim Dok Hong im Jahr 1997 abtrünnig wurde. Vor allem diese beiden Fälle bezeugen die politische Dimension des Dramas, denn sie wurden von der südkoreanischen Regierung daran gehindert, gegen den Norden Stellung zu beziehen und im amerikanischen Kongress auszusagen, um den Erfolg der *sunshine policy*, der Politik der Öffnung und Verständigung mit dem Norden, nicht zu gefährden. Während Hwang Jang Yop vor allem seine Juche-Politik vom Regime in Pjöngjang verraten sieht, geht es Kim Dok Hong darum, die tyrannische Herrschaft von Kim Jong Il bloßzustellen.

3. Der Führer und die Lager

In der Demokratischen Volksrepublik Nordkorea herrschte zwischen 1948 und 1994 nur ein Mann: Kim Il Sung. Er konnte sich 46 Jahre lang mit den gleichen Mitteln an der Macht halten wie all die anderen kommunistischen Führer – angefangen bei der Propaganda und Gleichschaltung der Öffentlichkeit bis hin zur Ausweisung von Kritikern, politischen Säuberungen, Schauprozessen und Hinrichtungen, bei all dem gestützt auf die Arbeitspartei, die das ganze Volk kontrolliert.

Nordkorea hat allerdings die anderen kommunistischen Staaten auf eine gewisse Weise übertroffen: Eine Zeit lang, zumindest bis in die 80er Jahre, gelang es dem Regime, den Anschein eines unabhängigen Landes zu erwecken, das seinen eigenen Weg zum Sozialismus geht – vergleichbar mit Rumänien unter Ceauşescu. Bei einigen Staatschefs, die sich als Vorkämpfer für nationale Unabhängigkeit sahen, stieß dies durchaus auf Sympathie.

Im Rahmen dieser Propagandakampagne wurde die koreanische Diaspora, vor allem in Japan, aufgefordert, nach Nordkorea zurückzukehren, »in ein dynamisches Land, das sich um soziale Gerechtigkeit bemüht und das im Gegensatz zum amerikanisierten Süden die koreanische Kultur und Tradition bewahren will«. Die nordkoreanische Regierung erzielte mit dieser Aktion Ende der 50er Jahre einen schönen Erfolg, sie ähnelte im Stil den Aktionen der Sowjets, die viele Weißrussen und Armenier zurück ins Land gelockt hatten. Auch die Vereinigung der Auslandskoreaner in Japan unterstützte die nordkoreanische Regierung, obwohl ihre Führung sich aus Vorsicht dazu entschied, im Exil zu bleiben. Zwischen Ende 1959 und Ende 1961 hörten mehr als

90.000 Emigranten die Sirenengesänge Pjöngjangs und kehrten zurück.

Die wenigen Nachrichten, die aus dem Land drangen, klangen so beunruhigend, dass die Begeisterung schnell abkühlte. Bereits damals fehlte es an Brennstoff, der Schwarzmarkt florierte, Diebstahl war weit verbreitet, und das Niveau der Schulen und Universitäten war nur mittelmäßig, vor allem in Fächern wie Wirtschaftswissenschaften. Wer mit seinen Eltern aus Südkorea oder Japan zurückgekehrt war, erhielt keinen Studienplatz, es sei denn, er konnte einen Mitgliedsausweis der Partei oder eine größere Geldspende vorweisen. Und selbst das reichte oft nicht aus.

Viele – auch Marxisten, die ihre Ideale so gar nicht verwirklicht sahen – waren derart entsetzt über die Zustände, dass sie das Land schnell wieder verlassen wollten. Aber es war zu spät, zu spät für sie und zu spät für ihre Kinder, die in einem ganz anderen Klima der Freiheit aufgewachsen waren. Es war für alle zu spät. Viele von ihnen kamen für lange Jahre in Haft, so wie die Familie von Kang Chol Hwan, der als erster Augenzeuge in Europa von den Konzentrationslagern berichtete. Es war auch für die zu spät, die zusammen mit ihren japanischen Ehefrauen dieses Abenteuer gewagt hatten. Die fast 2000 Japanerinnen, denen versprochen worden war, dass sie ihre Familien und Freunde alle drei Jahre wiedersehen könnten, haben bis heute keine Gelegenheit bekommen, wieder einen Fuß in ihr Heimatland zu setzen.

Einige Heimkehrer wurden erschossen – wie Ho Pyong Cho, ein Biologe der Universität Tohuku, der mit seiner ganzen Familie getötet wurde. Kim Yong Pil, der in Japan als Opernsänger so berühmt war, dass Kim Il Sung ihn persönlich begrüßt hatte, beendete sein Leben in dem für seine Strenge berüchtigten Konzentrationslager Senghori, in das er unter der absurden Anschuldigung der Spionage eingesperrt worden war.

Trotz der plumpen Propaganda und trotz des Persönlichkeitskults gelang es Nordkorea durch seine kompromisslose Verurteilung des Kapitalismus und die Ablehnung der von den Sowjets propagierten »friedlichen Koexistenz«, einige radikale Kommunisten aus Europa anzulocken.

Wie das Beispiel des Franzosen Jacques Sédillot zeigt, wurden diese »Liebesgeschichten mit Nordkorea« nicht immer belohnt. Sédillot hatte während des Spanischen Bürgerkriegs auf Seiten der Republikaner gegen Franco gekämpft, bevor er nach Algerien ging. Dort traf er kurz nach der Ausrufung der Unabhängigkeit auf Nordkoreaner, die ihm anboten, in der Leitung der Behörde zu arbeiten, die sich um die französischsprachigen Veröffentlichungen der Regierung in Pjöngjang kümmerte. Zu seinen Aufgaben gehörte auch, die Möglichkeiten der Verbreitung nordkoreanischer Propaganda in Frankreich zu prüfen. Als er einige Vorbehalte andeutete, was die Bereitschaft der Franzosen anging, den Personenkult um Kim Il Sung zu akzeptieren, wurde er beschuldigt, im Auftrag Frankreichs Spionage zu betreiben. Ob er bis zum Schluss glaubte, dass Nordkorea ein Symbol der Hoffnung für die asiatischen Massen war? Er wurde 1975 als kranker Mann entlassen und starb am 6. Januar des folgenden Jahres in Pjöngjang …

Bis vor kurzem hatte die Kommunistische Partei Frankreichs (KPF) weder am wahnwitzigen Persönlichkeitskult um den Großen Führer etwas auszusetzen noch an den monströsen Bauten in der nordkoreanischen Hauptstadt, noch an den millimetergenau vorgeschriebenen Bewegungen den Teilnehmer an den Massenaufmärschen, bei denen die Partei, der Staat und sein Führer gepriesen werden müssen. Georges Marchais, der langjährige Chef der KPF, war mindestens zweimal zu Gast bei Kim Il Sung, und noch Ende der 80er Jahre ließen sich die Jungen Kommunisten der KPF verführen. Ihre Zeitschrift, *Avant-garde*, zeichnete im Juli 1989 das

Bild eines von der Welt völlig verkannten Landes, in dessen Hauptstadt erstaunliche Ordnung und Sauberkeit herrsche. Im gleichen Heft griff der Journalist der Wochenzeitschrift der Jungen Kommunisten die Legende wieder auf, nach der die Amerikaner 1951/52 rücksichtslos Giftgas gegen die Koreaner eingesetzt hätten. Mit Hilfe chinesischer Freiwilligenverbände sei es gelungen, die Amerikaner zurückzuschlagen. Auf seiner Reise nach Panmunjom an der entmilitarisierten Zone, die die beiden Koreas trennt, habe er auf der anderen Seite der Grenze amerikanische Soldaten sehen können, die »überheblich Kaugummi kauten«!

Aber es waren nicht nur einige junge Kommunisten, die anlässlich der Organisation des 13. Weltjugendfestivals im Juli 1989 ihre Bewunderung für die Diktatur äußerten. Glaubte man den nordkoreanischen Zeitungen oder dem Radio in Pjöngjang, erwies die ganze Welt der nordkoreanischen Führung ihre Anerkennung. Um die »Normalbürger« zu überzeugen, genügte es, aus der internationalen Presse zu zitieren. Die Führung in Pjöngjang hatte in einigen großen ausländischen Tageszeitungen ganzseitige Anzeigen geschaltet, deren Text die nordkoreanischen Zeitungen nun zum Beweis dafür abdrucken konnten, dass die ganze Welt dem Großen Führer und seinem Sohn Liebe entgegenbrachte. Der Coup war gelungen! Seit einiger Zeit verzichtet Nordkorea allerdings auf derartige Aktionen. Die bislang letzte Manipulation dieser Art fand anlässlich des 50. Geburtstags von Kim Jong Il auf den Seiten der britischen *Sunday Times* und der amerikanischen *New York Times* statt. Die Texte, mit denen sich diese Anzeigen schmücken und deren Plattitüden an Heiligenlegenden erinnern, waren von einem Universitätsprofessor der Sorbonne unterzeichnet, Edmond Jouve, der Präsident der Europäischen Gesellschaft zur Erforschung der Juche-Ideologie sein soll und der in Nordkorea »ein bedeutsames Beispiel für eine geglückte Balance zwischen politischem, philosophisch-kulturellem und materiellem Leben« erkennt.

Man muss jedoch nicht einmal Kommunist sein, um Wertschätzung für Nordkorea zu empfinden. Im Frühjahr 2000 zeigten sich einige – vielleicht sozialistische, vielleicht konservative, aber auf alle Fälle naive – Abgeordnete des belgischen Parlaments vor laufenden Kameras begeistert, als sie einige nordkoreanische Vorzeigekinder und ihre Schulen besuchten. Im darauf folgenden Jahr folgten ihnen mehrere französische Parlamentarier. Sie versicherten, dass Nordkorea sich der Demokratie öffne, Journalisten freies Arbeiten ermögliche und Geschäftsleuten Perspektiven für exzellente Geschäfte biete. In dem Land gebe es keine Klassenunterschiede, keine Bettler und keine Drogenabhängigen. In dem Bericht, der für den französischen Staatspräsidenten und das Parlament bestimmt war, wurde ein idyllisches Bild von »elegant gekleideten Menschen« gezeichnet, von Werbeplakaten und Geschäftsschildern an den Vorderseiten der großen Gebäude und von »Supermärkten und kleinen Geschäften«. Der Bericht führte aus, dass in Nordkorea niemand unterdrückt werde und dass das Regime auf Gewaltfreiheit begründet sei. Dass unter diesen begeisterten Volksvertretern ein stalinistischer Abgeordneter der Kommunisten zu finden ist, erstaunt kaum; aber dass sich unter diesem Bericht, der an die Verfasser zurückgeschickt wurde, die Unterschrift eines Abgeordneten einer Mitte-rechts-Partei befindet, überrascht dann doch. Die letzte Kategorie der Nordkoreafreunde machen Geschäftsleute aus, die davon ausgehen, dass einige Schmeicheleien und das Anzweifeln der Existenz von Konzentrationslagern eine gute Grundlage für einträgliche Geschäfte sind.

Außerdem gibt es noch immer einige alte Stalinisten, denen Nordkorea am Herzen liegt, und einige Intellektuelle, die durch die Unterstützung Nordkoreas ihre Originalität beweisen wollen. Auch Enver Hodschas Albanien hatte eine ähnlich kleine Schar exzentrischer und erleuchteter Bewunderer. Inzwischen sind aber die Zeiten vorbei, in denen Nordkorea die Welt mit seinen Broschüren, Magazinen und Zeitungen überschwemmte. Es ist schwierig geworden, die eigene Überlegenheit hinauszuposaunen, wenn gleichzeitig die Hand ausgestreckt wird, um diplomatische Anerkennung und Lebensmittelhilfen zu erbitten.

Die hemmungslose tägliche Propaganda richtet sich nur noch an das eigene Volk. Dabei handelt es sich nur noch zum Teil um die üblichen kommunistischen Phrasen und Sprechblasen. Früher gab es in Nordkorea eine Partei mit Mitgliedern, einem Zentralkomitee, einem Politbüro und einem Generalsekretär. Aber gibt es das heute noch wirklich? Inzwischen ist der Marxismus-Leninismus durch eine spezifisch koreanische Ideologie neu interpretiert, ergänzt, zugespitzt und karikiert worden, nach der jeder Nordkoreaner nur Teil eines Ganzen ist, dessen Kopf die Partei und vor allem ihr Sekretär ist. Auf diese Weise ist das Volk fast organisch mit Partei und Führer vereint. Dieses biologische Bild spiegelt wider, dass in Nordkorea die »richtige Herkunft« oft wichtiger ist als das richtige Handeln und dass nicht Klassenunterschiede entscheidend sind, sondern unterschiedliche Kasten, über deren Zugehörigkeit und Privilegien nur die Geburt entscheidet.

Bis zu seinem Tod war Kim Il Sung ständiger und obligatorischer Bezugspunkt in jeder Rede, auf jeder Konferenz, in jedem Unterricht in der Schule und an der Universität. An allen Arbeitsplätzen gab es Studienzentren, die sich mit seiner Philosophie beschäftigten. Pausenlos wurde zu uneingeschränktem Respekt für den Großen Führer und zur Verbreitung der Weltanschauung aufgerufen, die sich aus Kommunismus und Juche-Ideologie zusammensetzt. In der Schule hörten die Kinder Berichte über die revolutionären

Taten Kim Il Sungs, sie mussten kommunistische Morallehre, die Geschichte der Revolution und die Politik der Partei studieren. Die jüngsten sangen:

Wir sind kleine Rosenknospen
Marschall Kim gibt uns alles,
damit wir aufblühen können.
Wir werden Blumen
und schenken sie unserem geliebten Präsidenten …

In den Klassenzimmern hörte man pausenlos die geheiligten Namen. Von den Schuluniformen bis zu den Süßigkeiten, die in der Schule verteilt wurden, handelte es sich um Geschenke des Führers, und für ihn sollte man bereit sein, sein Leben zu opfern.

Kim Il Sung sorgte dafür, dass die schönsten Regionen Nordkoreas zu historischen Orten der Revolution wurden, und ließ dort Statuen von sich errichten. Sein Verhalten erinnert an das Bérangers, den Helden des Theaterstücks »Der König stirbt« von Eugène Ionesco, der versucht, dem Tod zu entgehen, indem er den Flüssen, Städten und Gebirgen seines Königreichs seinen Namen gibt. Wo auch immer man hinging, waren die gleichen Worte zu hören: »Das Volk ist stolz, dass Kamerad Kim Il Sung Vater und Herrscher unserer Nation ist, und es empfindet es als höchste Ehre, dass er immer an der Spitze von Partei und Regierung bleiben wird.«

Der Kult um diesen lebenden Gott wurde auf seine Familie übertragen: Kim Hyung Jik, sein Vater, wurde Namensgeber von Schulen und Krankenhäusern; nach seiner Mutter, Kim Chang Sook, wurden Theatergruppen benannt.

Kim Il Sung hatte früh ein »Komitee« eingerichtet, das ihm ein möglichst langes Leben garantieren sollte. Es handelte sich um eine Art Institut, das verschiedene Ernährungsmethoden an Menschen seines Alters und seiner Körperverfassung ausprobierte und das ihm schließlich die Lebensmittel und Vitamine empfehlen sollte, die zu den besten Ergebnissen geführt hatten. Das Genie starb trotzdem, aber ein anderes sollte ihm folgen. Welches Glück für Korea!

Kim Jong Il stellte seit frühester Kindheit außerordentliche Fähigkeiten unter Beweis. Ein Journalist der französischen Tageszeitung *Le Monde* erinnerte ironisch daran, dass der Erbfolger alle Seifenkistenrennen gewann, an denen er teilnahm, alle Insekten verjagte, die den Schlaf seines Vaters störten, ihn vor einer revolutionären Verschwörung rettete und selbst ernannte Dichter enttarnte, die in Wirklichkeit die Partei spalten wollten und die von amerikanischen Imperialisten bezahlte Spione waren. Er erkannte den negativen Einfluss der Mona Lisa, die ihm unheimlich und zwielichtig vorkam; und es gelang ihm, bei Autopannen sofort zu erkennen, woran es lag, sobald die Motorhaube geöffnet wurde und er das Geräusch des Motors hörte. Auch als Erwachsener verlor er die außergewöhnlichen Fähigkeiten nicht, die er schon als Kind an den Tag gelegt hatte: Im Oktober 1987 zitierte die nordkoreanische Presseagentur einen südkoreanischen Pfarrer mit den Worten: »In Wirklichkeit ist Kim Jong Il ein großer Mann, der ein Paradies geschaffen hat, das selbst Jesus Christus uns nicht geben konnte.«

Für derartige Lobgesänge muss die Unterstützung des Vaters vorgelegen haben. Der Sohn revanchierte sich für diese Hilfe und ließ dem Vater postum ähnliche Ehre zukommen: 1998 wurde Kim Il Sung auf ewig zum Präsidenten der Obersten Nationalversammlung ernannt.

Nach einer endlosen Zeit der Trauer und des Übergangs übernahm Kim Jong Il mit der »offiziellen« Unterstützung des Himmels und der Erde die Macht. Aber im Clan der Kims und ihrer Freunde begründet sich Macht nicht allein auf eine biologische Erbfolge; sie verfügen darüber hinaus auch noch über spezielle Beziehungen zur Natur. Meldungen über diesen grotesken Wahnsinn gehen auf die einzige und offizielle Nachrichtenagentur Nordkoreas zurück (die Korean Central News Agency [KCNA] verbreitet ihre Meldungen auch im Internet). Am 24. November 1996, so berichtete sie, war Kim Jong Il in die Umgebung des Dorfs Panmunjom gereist, das sich in der entmilitarisierten Zone zwischen dem Norden und dem Süden befindet. Im Bürgerkrieg hatten hier Waffenstillstandsgespräche stattgefunden; seitdem ist es immer wieder Treffpunkt für südkoreanische und nordkoreanische Politiker gewesen. Kim Jong Il näherte sich vorsichtig und unbemerkt den amerikanischen und südkoreanischen Streitkräften; als er nur noch wenige hundert Meter von ihnen entfernt war, hüllte ebenso dichter wie unerwarteter Nebel die gesamte entmilitarisierte Zone ein. So konnte er unbemerkt umhergehen und sich Klarheit über die feindlichen Stellungen verschaffen, ohne selbst bemerkt zu werden. Unerklärlicherweise verschwand der Nebel und klarte das Wetter in dem Moment auf, als er mit einer Gruppe Soldaten für ein Foto posieren wollte. Einige Monate später, am 18. März 1997, inspizierte er einen Militärposten im Westen der entmilitarisierten Zone. Als er ankam, zogen dunkle Wolken auf, die schnell wieder verschwanden, als er abreiste.

Eine andere Anekdote illustriert diese perfekte Übereinstimmung zwischen dem Willen des Lieben Führers und dem Willen der Natur: Als er bei einem Besuch auf einem vorgelagerten Militärposten auf einer Insel im Gelben Meer eine Karte der Region öffnen wollte, hörte es auf zu regnen, der Wind legte sich, und die Sonne begann zu scheinen. Hinter den Statuen seines Vaters, auf dessen Schultern sich Tauben niederließen, waren Regenbögen zu sehen. Die entscheidende Botschaft ist, dass die Herrschaft des Vaters genauso wie die des Sohnes eine natürliche ist und unsterblich wie die Natur.

Zu diesen Verweisen auf die Übernatürlichkeit der Kims kommt die umfassende Propaganda, deren Form aus dem Albanien Enver Hodschas und der Sowjetunion Stalins bekannt ist: 30.000 Statuen stehen in Nordkorea, die auch Orte der Andacht sind. Auf großen Schildern sind überall in Städten und auf dem Land Parolen zu lesen, die Gesammelten Werke des Großen Führers werden ebenso wie Biographien über ihn mit all den Wunderberichten in großen Auflagen unter das Volk gebracht, Lieder und Tänze tragen so poetische Titel wie »Hoch lebe die Fahne des Anti-Imperialismus«, »Der Stern Koreas« oder »Marschall Kim Il Sung ist unser Oberster Kommandant«.

Der erstaunlichste aller Plätze, an dem Wahnsinn und Naivität zusammenkommen und an dem die hochtrabenden Parolen ins Lächerliche kippen, ist das Mausoleum von Kim Il Sung, das von Philippe Grangereau in der französischen Tageszeitung *Libération* so anschaulich beschrieben wurde. Wenn man durch den unterirdischen Eingang aus Marmor über eine der drei Rolltreppen in die Grabstätte hineingelangt ist, wo eine Leibesvisite und eine Überprüfung mit Röntgenstrahlen stattfindet, werden die Schuhsohlen von Staub und möglichen Bakterien befreit, bevor man vor einer 30 Meter hohen Statue des Führers den obligatorischen Blumenstrauß niederlegt. In andächtiger Stimmung besichtigt man dann die Räume – von denen insgesamt 150 dem Vater und 60 dem Sohn gewidmet sind –, wo die 46.855 Geschenke ausgestellt sind, die Nordkorea von Gästen aus 174 Ländern übergeben wurden. Man schreitet in Pantoffeln durch die einzelnen Räume und kann eine Medaille bewundern, die der Führer der französischen Kommunisten, George Marchais, 1969 als Geschenk überreicht hat, eine weitere Medaille des Bürgermeisters von Nanterre (1988), einen Teller von François Mitterrand (1981), einen Koffer aus Krokodilleder von Fidel Castro (1986), einen gepanzerten Waggon von Stalin und einen weiteren von Mao, ein Bärenfell von Ceaușescu usw.

Nordkorea erfreut sich auch eines neuartigen Kalenders. Danach befinden wir uns in der Ära der Juche-Ideologie. Sie hat am 15. April 1912 begonnen, dem Tag der Geburt des Vaters. Der Sohn wird bisweilen auf die Höhe des Vaters gehoben, denn bereits auf dem Giebel des Mausoleums ist zu lesen: »Kim Il Sung ist Kim Jong Il, und Kim Jong Il ist Kim Il Sung.« Der Sohn, der als »Genie des 21. Jahrhunderts« bezeichnet wird, soll das Licht der Welt auf den Hängen des heiligen koreanischen Bergs, dem Paektu (Weißer Berg), erblickt haben.

Die Gehirnwäsche in Nordkorea geht weit über den Persönlichkeitskult hinaus. Sowohl Kinder als auch Erwachsene werden »erzogen«, indem sie öffentlich Kritik an anderen und an sich selbst üben müssen. Gestützt auf Äußerungen des Großen oder Lieben Führers bekennt man, es bei dieser oder jener Gelegenheit an öffentlicher Wachsamkeit gefehlt haben zu lassen, bevor man – was noch unangenehmer ist – Freunde, Nachbarn oder Kollegen anklagt, gegen die eine oder die andere Juche-Regel oder Idee des Kim-Il-Sungismus verstoßen zu haben.

Die Propaganda wird in Nordkorea durch strenge Vorschriften ergänzt: Reisen, Nachrichten, Meinungsäußerungen und Glaubensbekenntnisse sind ständigen Kontrollen unterworfen. Trotz der angekündigten Öffnung des Landes nach außen scheint sich kaum etwas daran zu ändern. Im Jahr 1999 ließ Kim Jong Il dafür sorgen, dass die Benutzung von Schreibmaschinen und Fotokopierern noch schärfer überwacht wird. Schließlich gilt auch hier, dass die Gegenwart von dem beherrscht wird, der über die Vergangenheit herrscht: Weil die Führung des Landes früher schon perfekt war, muss sie es heute auch sein. Am 22. April 2002 verteilte die nordkoreanische Delegation bei der UNESCO ein Dokument zum 70. Geburtstag der Demokratischen Volksrepublik Nordkorea. Darin war zu erfahren, dass der Bürgerkrieg von der nordkoreanischen Armee gewonnen wurde und dass »Marschall Kim Jong Il, der lange Zeit Präsident Kim Il Sung in der Führung der Partei, des Staats und der Armee unterstützt hatte, bevor er sie selbst übernommen hat, über herausragende Intelligenz, selten anzutreffende Geschicklichkeit, unerschütterlichen Mut und exzellentes Talent zur Menschenführung verfügt«.

Obwohl es in Nordkorea ein Organigramm der Macht mit den Organen der Partei, der Verwaltung und der obersten Nationalversammlung gibt, konzentriert sich die Macht in den Händen der Nummer eins (die in Nordkorea *suryong* heißt). Kim Jong Il ist oberhalb der Institutionen und der juristischen und konstitutionellen Normen angesiedelt. Die Partei hat zwar die Aufgabe, die Interessen der Arbeiterklasse und des breiten Volks zu vertreten, in Wirklichkeit ist sie jedoch ein politisches Instrument, das zur Durchsetzung der Politik und des Machtanspruchs ihres Vorsitzenden dient, »dem Gehirn der Massen und dem Zentrum, in dem sich das Volk vereint«.

Überall ist zu sehen, wie besessen das Regime vom Biologismus ist: Es fördert Hass auf Ausländer und auf alle, die den Wert der »Rasse« vermindern könnten. Behinderte werden aus Pjöngjang in zwei Regionen an der chinesischen Grenze vertrieben.

Auch aus den anderen großen Städten wie Nampo, Kaesong, Chongjin werden Behinderte verjagt. Die »Rasse der Zwerge« soll nach einem Befehl von Kim Jong Il aus Nordkorea ganz verschwinden. Sie werden von den Behörden erfasst und in Sammellager geschickt, wo es ihnen strengstens verboten ist, Kinder zu bekommen. Es ist nicht schwer sich vorzustellen, wie viele Abtreibungen daraus resultieren. Abtreibungen sind in Nordkorea gängige Praxis, vor allem wenn die »Reinheit« der Rasse bedroht ist. Inzwischen prangern mehrere Menschenrechtsorganisationen diese »Praktiken« an, die nicht länger nur in Gefängnissen und Lagern üblich sind, sondern auch bei den Flüchtlingen zum Einsatz kommen, die von China zurück nach Korea deportiert werden.

Von Fluchthelfern an der chinesisch-koreanischen Grenze weiß man, dass die chinesische Regierung zwischen März und Mai 2000 Massenverhaftungen unter den Flüchtlingen vorgenommen hat. Über 8000 Flüchtlinge sollen zurückgeschickt worden sein, die Mehrzahl davon Frauen. Alle Frauen, die das Pech hatten, schwanger zu sein, wurden zur Abtreibung gezwungen. Eine von ihnen erinnert sich voller Entsetzen an die Beleidigungen, die die Wachposten ihr zubrüllten: »Ihr habt chinesisches Sperma in euch, ausländisches Sperma! Wir Koreaner sind ein auserwähltes Volk. Wie könnt ihr es wagen, ausländisches Sperma hierher zu bringen?«

Bei den Nordkoreanern, die die Märchen der Nomenklatura nicht glauben wollen, wird hart durchgegriffen. Um sie kümmern sich die »Sicherheitsbeamten«. Zu hören sind entsetzliche Berichte über öffentliche Hinrichtungen und Exekutionen in Lagern und Gefängnissen. Manchmal werden die Familienmitglieder aufgefordert, zuzusehen und die Verbrechen ihrer Angehörigen zu verurteilen. Öffentlich hingerichtet werden vor allem »Wirtschaftskriminelle« wie Kwang Hee im Jahre 1997; politische und gewöhnliche Strafgefangene werden zumeist innerhalb der Lager getötet. Hinter dem Begriff »Wirtschaftskrimineller« kann sich genauso gut ein kleiner Dieb verbergen, der Lebensmittel auf einem Bauernhof oder Material in seiner Firma stiehlt oder der Metalldraht zum Schmuggeln entwendet, wie jemand, der in den Rauschgifthandel verwickelt ist.

Es gibt nur wenige Augenzeugenberichte aus den Gefängnissen, in denen die Menschen wie Tiere bis zu 16 Stunden pro Tag arbeiten müssen, in denen mit Wasser und Strom gefoltert wird, in denen es kaum etwas zu essen gibt und Frauen zur Abtreibung gezwungen werden. Für ein Land, in dem laut verkündet wird, dass Kinder die Könige sind, und das vorgibt, dass Frauen über die gleichen Rechte verfügen und die gleiche soziale Stellung einnehmen wie Männer, sind diese wenigen Berichte ehemaliger Häftlinge schwer belastende Aussagen. Aber es gehört zum Wesen totalitärer Ideologien, die Wahrheit ins Gegenteil zu verkehren.

Nordkorea unterhält etwa 200 »normale« Lager, eins pro Verwaltungsbezirk, in denen die Zahl der Häftlinge je nach Größe zwischen mehreren hundert und zweitausend schwankt. Die Arbeit ist hart, und die Haftbedingungen der Gefangen, die wegen kleiner Vergehen verurteilt wurden, unterscheiden sich zum Teil nicht von denen der politischen Gefangenen. Von »Verurteilungen« kann man im Übrigen kaum sprechen, denn statt eines Gerichtsurteils gibt es nur einfache Entscheidungen von Polizeibeamten.

Die Insassen in den Lagern für politische Gefangene sind verschiedener schwerer Verbrechen angeklagt. Fast immer bleibt es bei einer Anklage, zu einem Prozess kommt es selten, noch nicht einmal zu einem manipulierten. Die meisten Lager befinden sich wie Onsung, Hoiryong, Kyungsung und Dunsung im Nordosten Nordkoreas, einige wie Jungpyung, Yodok und Kaechung liegen in der Mitte des Landes; hinzu kommen noch Youngbyong und Hoechung, die in der Nähe des Jalu liegen. Insgesamt gibt es etwa zehn Lager für politische Häftlinge, von denen jedes – wobei Yodok das größte ist – eine beträchtliche Zahl Gefangener umfasst. Schätzungen, die auf übereinstimmenden Zeugenaussagen und Satellitenaufnahmen beruhen, belaufen sich auf eine Gesamtzahl von 100.000 bis 150.000 Menschen, die in Lagern eingesperrt sind. Meist sind die Eingänge der Lager mit Parolen dekoriert wie »Zeigen wir den Klassenfeinden unseres Volkes die Stärke des Proletariats!« oder »Es ist unsere Pflicht, alle Flüchtlinge einzufangen und zu töten« oder dem Zitat von Kim Jong Il »Liebe Wachposten, benutzt die Waffen der Arbeiterklasse, die die Partei euch gegeben hat«.

Ein Drittel der Gefangenen kann darauf hoffen, wieder frei zu kommen; dabei handelt es sich um Kleinkriminelle und Familien von Gefangenen, die ebenfalls in Haft genommen wurden. Die anderen haben keine Aussicht, die Lager jemals wieder verlassen zu können. Ihre Inhaftierung ist endgültig und beraubt sie aller bürgerlichen Rechte. Für sie gibt es keinen ideologisch-politischen Unterricht mehr, und sie müssen keine Kritik und keine Selbstkritik mehr üben. Sie haben ihre Existenz verloren, sie sind nur noch in biologischer Hinsicht am Leben. Und trotzdem will man sich ihrer auch noch entledigen. Die nordkoreanische Regierung, so erklärt ein ehemaliger Gefangener, dem die Flucht gelungen ist, sieht die Gegner der Revolution als Unkraut an, das ausgerissen werden muss. Diese hoffnungslos Verlorenen müssen mehr als die anderen arbeiten, und sie werden strenger überwacht. Aber das Leben derjenigen, die vielleicht freigelassen werden, ist kaum mehr wert.

Die Zeugenaussagen über die Konzentrationslager belegen die Brutalität, mit der die Gefangenen ständig behandelt werden: Wer nicht gehorcht, wird in Einzelhaft genommen und muss bisweilen einen Monat lang mit hundert Gramm Mais pro Tag und etwas Salz auskommen. Auch in den Lagern finden öffentliche Hinrichtungen statt. Aber hier kommt noch ein Ritual dazu, das verlangt, dass jeder Gefangene einen Stein auf die gefolterten Körper der Häftlinge wirft, die zuvor gehängt oder erschossen wurden.

Zeugen berichten von so furchtbaren Dingen, dass man sie kaum niederzuschreiben wagt: Einige Häftlinge werden zu

Schießübungen in lebendige Zielscheiben verwandelt, andere werden auf bestialische Weise niedergeknüppelt, manche weiblichen Gefangenen werden vor ihrer Hinrichtung vergewaltigt.

In den Lagern wird natürlich auch gearbeitet – in der Landwirtschaft und in Bergwerken. Auf den militärischen Anlagen arbeiten nur Lebenslängliche: Da sie nie mehr freikommen, können sie keine Geheimnisse verraten, die die nationale Sicherheit gefährden könnten. Die hygienischen Bedingungen und die Ernährung sind so beschaffen, dass nur wenige Häftlinge älter als fünfzig Jahre werden. Für die Toten gibt es in den Lagern keinen Friedhof, sondern nur ein Massengrab.

Die Familien der Häftlinge werden normalerweise ebenfalls in Haft genommen, zumindest die Familienmitglieder, die unter dem gleichen Dach wohnen und von seinem Gedankengut angesteckt sein könnten – sie werden allerdings meist etwas besser behandelt. Kinder, die jünger als zehn Jahre sind, werden zusammen mit ihren Eltern in dem riesigen Konzentrationslager Yodok gefangen gehalten. Dort gibt es eine Schule – deren Direktor bewaffnet ist –, wo sie etwas Unterricht bekommen, überwiegend in Disziplin und Revolutionsgeschichte. Die Lehrer scheuen sich nicht, sie zu schlagen, um die Leistungen von Kim Il Sung und seinem Sohn besser in die konterrevolutionären Köpfe einzubläuen. Nachmittags müssen sie auf den Feldern, in den Bergwerken oder in den Steinbrüchen arbeiten. Ihre Sterblichkeitsrate ist hoch. Aus der Ferne können sie die Schule für die Kinder des Wachpersonals sehen, die mit Duschen und einer Sporthalle ausgestattet ist.

Um die Alltagskost aufzubessern, wird gestohlen, werden Ratten getötet und heimlich gekocht und Frösche und Würmer gegessen.

Über tausend mit Kalaschnikows und Handgranaten bewaffnete Wachposten überwachen dieses Lager, das sich über 30 Kilometer erstreckt und Dörfer, einen Fluss, Wälder und Werkstätten umfasst. Die niedrig gelegenen Gebiete des Lagers sind von Mauern und Stacheldraht umgeben. In den gebirgigen Gebieten des Lagers sind automatische Alarmsysteme installiert, und es gibt Wachtürme und Hundepatrouillen.

Die Häftlinge überwachen sich auch selbst. Sie sind in Gruppen unterteilt, die Normen erfüllen müssen. Drückeberger, Trödler und Kranke werden schnell zu Leistung gedrängt, um der Kollektivbestrafung zu entgehen. Und natürlich gibt es auch Spitzel.

Jedes Lager muss einen eigenen Plan erfüllen. Es heißt, dass in Nordkorea 40 Prozent der Kohle und fast genauso viel Mais in Lagern produziert wird. Jedes Lager hat seine Spezialisierung. Einige bauen Reis an, andere stellen Kleidung oder Schuhe her, produzieren elektronische Güter und betreiben Viehzucht. Auch das Fleisch, das Ausländern in den Hotels in Pjöngjang vorgesetzt wird, soll aus den Lagern kommen.

Die nordkoreanische Regierung versichert, dass es in einem Land, das den Menschen in den Mittelpunkt der Politik stellt, keine Lager geben könne. Hatte Stalin nicht erklärt, dass das wertvollste Kapital der Mensch sei? Wie konnte es also in der UdSSR Lager geben? Die Nordkoreaner verhalten sich genauso wie der kommunistische Publizist Pierre Daix 1949 gegenüber David Rousset, dem ehemaligen Dachau-Häftling, der die Lager in der UdSSR anprangerte: Sie behaupten, dass es sich nicht um Lager, sondern um Umerziehungszentren handele.

Diese Wortklaubereien sind sinnlos: In Nordkorea existiert wie früher in der UdSSR ein System aus Konzentrationslagern, das als totalitär zu bezeichnen ist, weil es zum Ziel hat, politische Gegner zu eliminieren. Diese Lager führen zum

Ausschluss aus der Gesellschaft, in den Tod und nicht etwa mittels Arbeit zu einer neuen kommunistischen Gesellschaft.

Sie tragen typische Wesenszüge asiatischer Lager. Wie in den chinesischen *laogaï* wird viel stärker ideologisch gearbeitet als im sowjetischen Gulag: Die Gefangenen müssen Kritik und Selbstkritik üben und Leitartikel der offiziellen Zeitungen lesen. Alle Gefangenen in Yodok verfügen über drei Hefte, eins für die Treffen, die der Kritik und der Selbstkritik gewidmet sind, eins für die Reden von Kim Jong Il und eins für die Geschichte der Revolution. Das spezifisch Koreanische ist der Platz, der den Familienstrukturen eingeräumt wird: Normalerweise werden Familien in gleichen Baracken zusammengelegt.

Auch auf die, die die Lager verlassen dürfen, wartet nicht etwa die Freiheit. Zunächst müssen die Häftlinge, die freigelassen werden, dem Großem Führer dafür danken, dass er es ihnen ermöglicht hat, sich zu bessern; die Häftlinge, die nicht freigelassen werden, müssen ihm dafür danken, dass er es ihnen ermöglicht, sich weiter um ihre Besserung zu bemühen. Danach werden die Ex-Häftlinge aufs Land oder in kleine Dörfer geschickt. Nur mit Beziehungen erhält man eine Chance, sich wieder Städten zu nähern. Sehr viel Geld braucht man, um in die Hauptstadt zu gelangen. In den Städten gibt es ein eng gespanntes Spitzelnetz. Treu der Partei ergebene Bürger übernehmen jeweils die Überwachung von einer Hand voll Familien. Hinzu kommen überraschende Besuche durch die Polizei oder durch Agenten, die sich unter dem Vorwand, Gas oder Strom zu kontrollieren, einen Überblick verschaffen, sowie Streifenfahrten von Sicherheitskräften, die ihre Wagen als Reinigungsfahrzeuge tarnen.

»Dieses Land ist so verschlossen, dass weder Gott noch Buddha in den letzten fünfzig Jahren ohne Visa hineinkommen konnte«, war vor kurzem als Bonmot eines südkoreanischen Geschäftsmannes in der *New York Times* zu lesen. Inzwischen verbreiten sich Nachrichten schneller in Nordkorea, es gibt mehr Informationen aus dem Ausland, und die Reisen innerhalb des Landes werden weniger kontrolliert. Dabei handelt es sich jedoch nicht um Folgen einer Demokratisierung, sondern um die Konsequenzen des wirtschaftlichen Zusammenbruchs, der Flucht nach China und der Grenzübertritte in beide Richtungen.

Eine der Hauptsäulen der Unterdrückung, die Abgeschlossenheit von der Außenwelt, beginnt langsam zu wanken.

4. Der »Schurkenstaat«

Alle ernst zu nehmenden Staaten dieser Welt haben eine eigene Geheimpolizei, überall gibt es missglückte Geheimdienst-Operationen, die zu politischen Affären werden, so wie die Entführung und Ermordung des marokkanischen Oppositionspolitikers Ben Barka 1965 durch den marokkanischen und französischen Geheimdienst oder die Versenkung des Greenpeace-Schiffes Rainbow Warrior im Pazifik 1985, die vom französischen Geheimdienst mit Unterstützung mehrerer Spitzenpolitiker geplant wurde. Es wäre daher naiv, Nordkorea vorzuwerfen, mehrere Zwischenfälle entlang der berüchtigten entmilitarisierten Zone provoziert zu haben, Spione in andere Länder geschickt, Kontakte zu linken Studenten geknüpft oder Tunnel für den Fall gebaut zu haben, dass der nordkoreanische Führer Lust bekommen sollte, seinen Gegner im Süden hinterrücks zu überraschen. Handelt es sich dabei nicht nur um kleinere Scharmützel in einem Krieg, der nur durch einen Waffenstillstand zwischen Nord und Süd unterbrochen wurde – was schon voraussetzt, dass er irgendwann fortgesetzt wird? Nordkorea hat aber nicht nur durch einzelne Attacken oder eine Verstärkung seiner Offensivkräfte gegen die Regeln des Waffenstillstands verstoßen. Seit langer Zeit findet Schmuggel von Gütern aller Art statt, werden Terroristen geschützt, werden Massenvernichtungswaffen hergestellt, wird selbst Terrorismus betrieben und wird Militärmaterial verkauft – mit Vorliebe an die Brandherde dieser Welt. Ohne dass es Aufmerksamkeit erregt, greift Nordkorea so in das Kräftegleichgewicht in vielen Krisenregionen ein. In diesem Kontext ist es zu verstehen, dass George Bush Nordkorea auf die Liste der Länder setzt, die er als »Achse des Bösen« bezeichnet.

Ein Blick zurück in die Geschichte macht den Wahnsinn deutlich: Über Jahre hinweg hat sich Nordkorea zu einer Art Mordmaschinerie entwickelt. Männer und Frauen sind derartig indoktriniert worden, dass sie sich bis zum Tod für ihren Führer opfern würden. Es liegt nahe, hier den Vergleich zu Sekten zu ziehen, die weltweit von sich reden gemacht haben, wie die Sonnentempler oder die Sekte, deren Mitglieder in Guyana unter der Führung eines fanatischen Pfarrers kollektiven Selbstmord begingen.

Die Erste, die auf diese Parallelen aufmerksam gemacht hat, war Kim Hyun Hee, eine Nordkoreanerin. Sie schmuggelte am 28. November 1987 in ihrem Handgepäck eine Bombe an Bord des Flugzeuges, das sie zusammen mit einem Begleiter nehmen wollte, um nach Seoul zu fliegen. Bei einem Zwischenstopp in Dubai verließen sie das Flugzeug und »vergaßen« ihr Gepäck. Das Flugzeug der Korean Airlines explodierte in der Nacht vom 28. auf den 29. November während des Flugs. Ziel dieser Aktion war es, der Welt zu zeigen, dass die Regierung in Seoul nicht in der Lage war, die Sicherheit der Olympischen Spiele des Jahres 1988 zu garantieren. Bei ihrer Verhaftung versuchte Kim Hyun Hee, mit Zyankali Selbstmord zu begehen. Ihr Begleiter starb, aber sie konnte gerettet werden. Sie sagte anschließend aus, dass sie dazu ausgebildet worden sei, sich für den Großen Führer aufzuopfern und jegliche Aufgaben zu übernehmen, ohne Fragen zu stellen. Die Olympischen Spiele fanden 1988 mit dem bekannten Erfolg statt. Die 115 Passagiere und Mitglieder der Besatzung waren umsonst gestorben. Seit diesem Vorfall steht Nordkorea auf der Liste der Staaten, denen Washington Unterstützung des Terrorismus vorwirft.

Bei der Explosion des Flugzeugs der Korean Airlines handelte es sich nicht um den ersten Anschlag: Am 9. Oktober 1983 explodierte eine Bombe in der birmanischen Hauptstadt Rangun, als der südkoreanische Präsident Chon Du

Hwan bei einem Staatsbesuch einen Kranz an einem Heldendenkmal niederlegen wollte. Es gab zwanzig Tote, vier davon waren Minister der südkoreanischen Regierung.

Zu den terroristischen Aktionen gehören auch Flugzeugentführungen und Kidnapping. Mehrere Passagiere und Besatzungsmitglieder eines 1969 entführten Flugzeugs sind niemals nach Südkorea zurückgekehrt, und es ließe sich eine lange Namensliste von Menschen erstellen, die auf diese Weise verschwunden sind: Sie würde im Jahr 1979 mit einem südkoreanischen Diplomaten in Norwegen beginnen und bis in den Juli 1995 reichen, als Pastor Ahn Sung Un in China entführt und nach Nordkorea verschleppt wurde. Die südkoreanische Regierung beklagt das Verschwinden mehrerer hundert Fischer, deren Boote von nordkoreanischen Kriegsschiffen aufgebracht wurden.

Auch zwischen Nordkorea und Japan gibt es zahlreiche Streitfälle. Nach Angaben der japanischen Regierung sind 11 japanische Staatsbürger im Norden des Landes oder im Ausland entführt und nach Nordkorea verschleppt worden; unabhängige Organisationen gehen sogar von 70 Entführungsopfern aus. All dies erinnert an einen schlechten Roman; aber die japanische Regierung, die diese Entwicklungen mit großer Sorge betrachtet, hat beim Besuch des japanischen Premierministers Junichiro Koizumi in Pjöngjang im September 2002 die Bestätigung für diese Praktiken nordkoreanischen Gangstertums erhalten. Zuvor hatten nur zwei nordkoreanische Flüchtlinge, Kim Hyun Hee, deren Selbstmord 1987 verhindert werden konnte, und Ahn Myong Jin, ein junger, 1993 nach Japan übergelaufener Spion, den Verdacht bestätigen können, dass in Nordkorea einige unglückliche Japanerinnen festgehalten wurden, die zukünftigen Geheimagenten die Geheimnisse ihrer Sprache beibringen mussten … Kim Jong Il gab vor der verblüfften Weltöffentlichkeit 12 Entführungen zu, damit sogar eine mehr als von der japanischen Delegation vermutet. Die Nummer eins Nordkoreas schob die Schuld kurzerhand auf einige »übereifrige Staatsdiener«, ließ aber eine große Zahl von Fragen offen: Ihm zufolge leben nur noch vier der entführten Personen. Die Übereinstimmung der Todesdaten gibt jedoch Grund zu schlimmsten Befürchtungen. Was ist von den Angaben Nordkoreas zu halten, nach denen ihre Gräber von Überschwemmungen weggespült wurden? Werden die Überlebenden die Möglichkeit bekommen, mit ihren in Nordkorea gegründeten Familien nach Japan zurückzukehren? Wie kann man sonst davon ausgehen, dass sie frei sagen können, was sie denken?

Die Verwicklung Nordkoreas in den internationalen Terrorismus zeigt sich auch daran, dass Terrorgruppen aufgenommen wurden und ihnen Zugang zu Trainingscamps gewährt wurde. Pjöngjang hat radikale Bewegungen unterstützt, die ihre Ziele mit Gewalt durchsetzen wollten – wie die Volksfront zur Befreiung Omans.

In den 70er Jahren waren Mitglieder der japanischen Roten Armee im Land, die für Attentate in Israel – insbesondere das auf den Flughafen Lod – verantwortlich waren und die ein Flugzeug nach Nordkorea entführt hatten. Nach den Angaben der Ex-Frau eines der Terroristen standen ihnen bis vor kurzem komfortable Wohnungen, Köche, Hausangestellte und Fahrer für ihre Mercedes zur Verfügung. Inzwischen sind sie nur noch Tauschobjekte für die nordkoreanische Führung, die versucht, neue Glaubwürdigkeit zu erringen, um an neue Gelder zu kommen; und es wäre keine Überraschung, wenn sie die ehemaligen Terroristen der Justiz der entsprechenden Länder überantwortete. Finanzielle Unterstützung aus Japan ist Nordkorea durchaus den Verrat ehemaliger anti-imperialistischer Kampfgenossen wert.

Der Schmuggel von Waren aller Art hat bereits Mitte der 70er Jahre begonnen, als Nordkorea seine Auslandsschulden nicht mehr zurückzahlen konnte. Seit dieser Zeit sind alle Mittel recht, um an Dollars zu kommen. Im Oktober 1975 wiesen Kopenhagen, Oslo und Helsinki nordkoreanische Diplomaten wegen Alkohol-, Zigaretten- und Drogenschmuggels aus. Das Gleiche geschah im Dezember 1976 in Peru. Im Juni 1976 flohen nordkoreanische Diplomaten aus Argentinien und hinterließen unbezahlte Rechnungen in Höhe von 200.000 Dollar.

Mit der Arroganz von Menschen, die wissen, dass ihnen schlimmstenfalls eine Ausweisung droht, betreiben die nordkoreanischen Diplomaten alle denkbaren illegalen Geschäfte − vom Schmuggel mit CDs über Elfenbeinhandel bis hin zur Herstellung von Falschgeld. Am 26. März 1998 wurden zwei in Sofia akkreditierte Diplomaten aus Nordkorea zum dritten Mal festgenommen. In den ersten beiden Verhaftungen war es um Zigaretten gegangen. Dieses Mal hatten sie versucht, 12.000 raubkopierte CDs nach Rumänien einzuführen.

Nordkorea steht zudem im Verdacht, Falschgeld herzustellen und in den letzten 30 Jahren mehrere Dutzend Millionen gefälschte US-Dollars in Umlauf gebracht zu haben. Das Land begnügt sich jedoch nicht damit, Hundert-Dollar-Scheine herzustellen, es attackiert auch den Yen. Im Juni und im August 2001 hat die japanische Regierung mehrmals falsche Yen-Scheine sichergestellt. Ein Jahr später ist der Kapitän eines nordkoreanischen Schiffes verhaftet worden, als er versuchte, falsche 10.000-Yen-Scheine (75 Euro) in Umlauf zu bringen. Als im Juli 2002 einige Nordkorea schon dafür lobten, dass das Land allmählich zu einem Rechtsstaat würde, wurde ein südkoreanischer Mafioso gefasst, der mit Drogen handelte, deren Herkunftsland Nordkorea war. Ebenfalls im Jahr 2002 entdeckte die taiwanesische Polizei 70 Kilo Heroin im Wert von sechs Millionen Dollar an Bord zweier nordkoreanischer Fischerboote.

Diese Drogengeschäfte sind jedoch nichts Neues: Einem 1999 abtrünnig gewordenen nordkoreanischen Spion zufolge wird in der nordöstlichen Provinz Yanggang auf tausenden Hektar Land Mohn angebaut. In einem Zug auf der Bahnstrecke Pjöngjang-Moskau wurden 1996 kurz hinter der russischen Grenze 23 Kilo reines Opium beschlagnahmt. Das Rauschmittel, das hinter einem Sitz versteckt war, stellte einen Wert von 800.000 Dollar dar. Kurz zuvor war der südkoreanische Konsul in Wladiwostok ermordet worden, zu dessen Aufgaben es gehörte, die Rolle Nordkoreas im Drogenhandel zu untersuchen. Wenige Monate später wurden auf dem Flughafen von Bangkok zweieinhalb Tonnen Ephedrin in einer Frachtladung entdeckt, die für Pjöngjang bestimmt war. Im Februar 1999 verhaftete die südkoreanische Polizei zwei Drogenhändler, die illegal Ephedrin aus Nordkorea ins Land gebracht hatten. Pjöngjang hatte es 1997 offiziell in Belgien erworben – selbstverständlich zu medizinischen oder industriellen Zwecken!

Der Kommentar eines Polizisten, der Anfang 2000 in einer japanischen Zeitung zu lesen war, lässt erahnen, welche Dimensionen der Rauschgifthandel inzwischen angenommen hat: »Wenn ein Boot von der Ostküste Nordkoreas kommt, geht es um Opium, wenn es von der Westküste kommt, dreht es sich um Amphetamine.«

Ein Scharmützel zwischen zwei Armeen rechtfertigt noch nicht die Aufnahme in den exklusiven Klub der »Schurkenstaaten«. Aber die Häufigkeit der nordkoreanischen Provokationen, Attacken und hinterlistigen Angriffe übertrifft bei weitem das, was man an Feindseligkeiten zwischen zwei Staaten erwarten könnte, die sich offiziell noch immer im Kriegszustand befinden.

Sie gehen auch in ihrer Häufigkeit und ihrem Ausmaß an Gewalt über die klassischen Provokationen beider Seiten an der entmilitarisierten Zone hinaus und bezeugen regelmäßig die Strategie Pjöngjangs, durch kalkulierte Risiken die Spannungen zu verschärfen. Beispiele dafür sind die schon erwähnte Entsendung eines Kommandos, das 1968 den Präsidentenpalast in Seoul attackierte, bei dem von 30 Angreifern nur einer überlebte, die Landung von Unterseebooten an abgelegenen Stränden im Süden, bei denen Gruppen bewaffneter Männer an Land gingen, die Versenkung eines südkoreanischen Fischkutters am 7. Oktober 1987, der Einfall eines U-Boots in südkoreanisches Seegebiet und das versuchte Eindringen eines Kriegsschiffs in die gleichen Gewässer im Juni 1999.

Aber nicht nur Südkorea ist davon betroffen. Am 22. Dezember 2001 überraschte die japanische Marine ein nordkoreanisches Schiff in ihren Gewässern. Ging es um Drogenhandel? Um Spionage? Wahrscheinlich wird man kaum je erfahren, was dahinter steckte: Die Besatzung des Schiffes weigerte sich, die Maschinen anzuhalten, und versenkte das Schiff nach einigen Schüssen der japanischen Marine selbst.

Nicht vergessen sollte man den See-Zwischenfall, der sich im Juni 2002 wie zufällig wenige Stunden vor Beginn des Halbfinalspiels der Fußballweltmeisterschaft zwischen Südkorea und Deutschland ereignete. Zweifellos wollte Nordkorea damit der Welt seine Existenz ins Gedächtnis rufen und daran erinnern, dass Südkorea keinen Alleinvertretungsanspruch hat. Der nordkoreanische Angriff hat zum Verlust eines südkoreanischen Kriegsschiffes und zum Tod eines halben Dutzend Matrosen geführt.

Dies alles mag vielleicht nicht ausreichend für die Qualifizierung Nordkoreas als »Schurkenstaat« erscheinen, die militärische Macht des Landes ist jedoch nicht weniger beunruhigend. Die Armee ist etwa 1,2 Millionen Mann stark, der Militärdienst dauert bei den Bodentruppen fünf bis acht

Jahre, zu denen für die Reservisten bis zum Alter von 40 Jahren zusätzliche kürzere Dienstzeiten hinzukommen können. Die Armee ist in der Zahl der Flugzeuge, Panzer und Schiffe dem südlichen Nachbarn überlegen – allerdings ist ein Teil der Ausrüstung veraltet.

Niemand weiß, wie viele biologische und chemische Waffen die Nordkoreaner in ihren Bunkern lagern. Vor kurzem siedelte aber das angesehene Londoner Institut für Strategische Studien Nordkorea an weltweit dritter Stelle an, was den Besitz von chemischen Waffen betrifft. Wie viele Atomwaffen das Land besitzt, ist ebenfalls unklar. Das ist kein Zufall, denn die Nordkoreaner hegen eine heftige Abneigung gegen die Inspektoren der Internationalen Atomenergiebehörde. Im Oktober 2002 gab Nordkorea zu, seine Atomwaffenforschung weiter vorangetrieben zu haben und damit vollständig gegen das 1994 gemeinsam mit den USA unterzeichnete Nuklearabkommen verstoßen zu haben. Das ist einem Geständnis über den Besitz von Atomwaffen gleichzusetzen.

Auch die Zahl der Raketen, die Nordkorea besitzt, ist Furcht einflößend. Man schätzt ihre Zahl auf 1000. Jede Zehnte ist eine Nodong-Rakete, die über einen Aktionsradius von 1300 Kilometern verfügt. Die neueren Modelle, die Taepodong-2-Raketen (der Name geht genau wie bei den Nodong-Raketen zurück auf Namen von Orten, die sich nahe dem nordkoreanischen Hafen Chongjin befinden), verfügen über Reichweiten von bis zu 10.000 Kilometern. Die nordkoreanische Landwirtschaft liegt zwar am Boden, die Raketenproduktion aber verzeichnet große Erfolge. Westliche Experten weisen auf die nordkoreanischen Fortschritte bei der Reichweite, Zielgenauigkeit und Sprengstofflast hin.

Nicht nur der Westen ist beunruhigt. Seitdem die Japaner eines schönen Tages im August 1998 eine Rakete über ihre

Köpfe hinwegfliegen sahen, die schließlich im Pazifik landete, geht es ihnen ähnlich. Bei dem Flugkörper, der über eine Reichweite von 2000 Kilometern verfügte, handelte es sich vermutlich um eine Taepong-1-Rakete und nicht, wie die Nordkoreaner erklärten, um eine Trägerrakete für Satellitenstarts. Japan kündigte umgehend eine ganze Reihe von Vergeltungsmaßnahmen an.

Die nordkoreanische Armee besitzt damit Trägerraketen, die amerikanisches Gebiet erreichen können, und sie verkauft Raketen, die auf der Basis der sowjetischen Scuds entwickelt wurden, an Syrien, den Iran, den Jemen, Libyen usw. Selbst Pakistan ist nach Meinung zahlreicher Experten durch nordkoreanische Unterstützung in die Lage versetzt worden, eine erste eigene angriffstaugliche Rakete zu bauen, die Ghaury-1-Rakete. Joseph Bermudez zufolge, der als Experte für das nordkoreanische Raketenprogramm gilt, handelt es sich bei der Ghaury-1 sogar um eine nordkoreanische Rakete, die seit Ende 1993 in den pakistanischen Forschungslaboratorien Kahuta Khan bloß zusammengebaut wird. Ein Jahr später entschied sich Nordkorea dazu, Bauelemente für Nodong-Raketen an Pakistan zu verkaufen.

Im Jahr 1996 wurden am Züricher Flughafen Bauelemente von Scud-Raketen aus Nordkorea beschlagnahmt, die nach Ägypten geschickt werden sollten. Bereits Ende der 80er Jahre war der Irak als Empfänger solcher Raketenbauteile bei Kontrollen auf diesem internationalen Flughafen aufgefallen, zehn Jahre später wurden auch Lieferungen für den Iran beschlagnahmt.

Teheran kam nordkoreanische Hilfe beim Bau der Shahab-Raketenreihe zugute. Dazu gehört die Shahab-4, die schon jetzt eine Reichweite von 2000 Kilometern hat und deren Bauweise eine in Zukunft noch größere Reichweite erwarten lässt, mit der selbst Italien und Deutschland erreicht werden könnten. Bereits jetzt kann die Shahab-3, deren Aktionsradius der nordkoreanischen Nodong-Rakete entspricht, Israel ins Ziel nehmen. Im Juni 2002 erklärte der damalige israelische Außenminister Shimon Peres, dass der Iran in Zusammenarbeit mit Nordkorea versuche, eine Rakete mit einer Reichweite von 10.000 Kilometern zu bauen, die Amerika bedrohen könnte.

Zwischen 1980 und 1988 haben mehrere hundert nordkoreanische Techniker an der Entwicklung iranischer Raketen mitgewirkt. Die Beziehungen zwischen dem Iran und Nordkorea sind offenbar bedeutend und eng genug gewesen, um eine gemeinsame Kommission zur militärischen Zusammenarbeit zu rechtfertigen, die von den beiden Verteidigungsministern geleitet wurde.

Die Israelis, die um die Gefahr wussten, boten der Regierung in Pjöngjang an, Nordkorea großzügig zu unterstützen, vor allem im landwirtschaftlichen Bereich. Im Gegenzug sollte Nordkorea auf den Verkauf von Waffen verzichten. Es sieht jedoch so aus, als hätten die Israelis angesichts des zu zahlenden Preises und angesichts der Unmöglichkeit, auf das Wort Pjöngjangs zu vertrauen, von sich aus auf diesen Handel verzichtet. Als die nordkoreanische Taepodong-Rakete 1998 den japanischen Luftraum durchflog, erklärte der israelische Verteidigungsminister Yitzak Mordechai, dass seine Regierung zutiefst besorgt sei. Nordkorea stelle nicht nur erweiterte Angriffsmöglichkeiten unter Beweis, es bereite sich auch darauf vor, das Kräftegleichgewicht im Nahen Osten durcheinander zu bringen. Die sechs Millionen Dollar teuren Raketen stellten eine bedeutende Einnahmequelle für Pjöngjang dar, und mit Ländern wie Iran und Syrien mangele es nicht an Abnehmern.

Amerikanischen Experten zufolge hat die nordkoreanische Regierung zwischen 1990 und 2000 Waffen im Wert von 914 Millionen Dollar verkauft, von denen der größte Teil in den Nahen Osten und nach Afrika gegangen ist, und zugleich Flugzeuge im Wert von 340 Millionen Dollar erworben, von denen die meisten jedoch ältere Modelle sind. Darüber hinaus hat sie militärisches Wissen an Länder wie Angola (Entsendung von Beratern) und den Iran verkauft: Man schätzt, dass 5000 »islamische Revolutionswächter« in Pjöngjang ausgebildet worden sind. Manchmal sind die Nordkoreaner näher an Europa, als wir glauben. In den Jahren 1994/95 bildeten sie in Algerien »antiterroristische« Einheiten und paramilitärische Gruppen in Kampfsportarten aus.

5. Die Kunst des Überlebens

Was bleibt einem angesichts eines solchen Nachbarn anderes übrig, als sich zu bewaffnen? Südkorea ist inzwischen ein hochgerüstetes Land. Mit US-amerikanischer Unterstützung konnte eine moderne und starke Armee aufgebaut werden, bei der 600.000 Mann unter Waffen stehen, zusätzlich sind 37.000 Amerikaner an der Grenze stationiert. Südkorea verhält sich wie ein Land im Kriegszustand: Die Kommunistische Partei ist verboten, die nationalen Werte stehen hoch im Kurs, der Militärdienst ist mit zweieinhalb Jahren lang und schwer, weil das Land gut ausgebildete Soldaten benötigt, die Geheimdienste sind auf der Hut. Die unterschiedlichen autoritären Regimes, die das Land bis 1986 regierten, haben die Einschränkung bürgerlicher Freiheiten häufig mit der Nähe des Feinds begründet, dessen Truppen und Raketen sich nur 40 Kilometer vom Herzen der südkoreanischen Hauptstadt Seoul entfernt befanden und immer noch befinden.

Die offiziellen Vertreter Südkoreas verbreiten heute mit einer gewissen Selbstgefälligkeit die Legende, dass die Vorgänger-Regierungen, vor allem die autoritären und Militär-Regimes auf die strategische Herausforderung Nordkoreas stets nur eine militärische Antwort parat hatten. Doch das entspricht nicht den Fakten. Am 4. Juli 1972 unterschrieben beide Länder eine gemeinsame Sieben-Punkte-Erklärung, die die Wiedervereinigung von Nord und Süd zum Ziel hatte. 1985 verständigten sich Pjöngjang und Seoul zum ersten Mal seit dem Krieg darauf, auseinander gerissenen Familien ein Wiedersehen zu ermöglichen. Im Jahr 1990 statteten die beiden Premierminister von Nord und Süd der Hauptstadt des jeweils anderen Landes einen Besuch ab. Am 13. Dezember 1991 wurde ein Abkommen unterzeichnet, in dem es um »Versöhnung, Angriffsverzicht, Austausch und Zusammenarbeit« ging und das *Le Monde* zufolge das »Ende der Feindseligkeiten und Konfrontation auf der seit 46 Jahren geteilten Halbinsel« bedeutete. Die Pariser Tageszeitung führte aus, dass damit »dieses letzte Schauspiel des Kalten Krieges, in dem sich die Großmächte in Gestalt der von ihnen gelieferten Waffen gegenüberstanden, endlich in eine Phase der Koexistenz und der gegenseitigen Abstimmung« eintrete. Eine Nicht-Angriffs-Klausel, die Einrichtung eines Roten Telefons, Respektierung der Grenzen, Wiedersehen getrennter Familien, Vorbereitungen zur Reisefreiheit, neue Eisenbahn- und Straßenverbindungen – alles war vorbereitet, aber es wurde niemals umgesetzt. Man sollte dies angesichts der aktuellen Entwicklungen, vor allem angesichts der spektakulären Öffnung der entmilitarisierten Zone für eine innerkoreanische Eisenbahnlinie, nicht vergessen. Zu der Reihe der diplomatischen Vorstöße kann man auch den 1994 mit Washington geschlossenen Rahmenvertrag zählen, der das nordkoreanische Atomprogramm einfrieren sollte, weil es darin auch um Förderung des Friedens und der Sicherheit auf der nordkoreanischen Halbinsel ging.

Es wäre daher nicht gerecht zu behaupten, dass Südkorea vor 1998 dem Norden nur die kalte Schulter gezeigt habe, während die inzwischen vom Friedensnobelpreisträger des Jahres 2000, Kim Dae Jung, geführte Regierung anders als ihre Vorgängerinnen die Hand zur Verständigung ausstrecke[*]. Roh Tae Woo, der erste demokratisch gewählte Präsident der Republik Südkorea, unternahm bereits 1988 im Rahmen seiner »Nordpolitik« zahlreiche Anstrengungen, das

***

[*] Bei den Wahlen im Dezember 2002 gewann der liberale Roh Moo Hyun mit knapper Mehrheit gegen Lee Hoi Chang von der Grand National Party, die sich für eine härtere Gangart gegen Nordkorea einsetzt; vergleiche Kapitel 7.

Land durch kulturellen, wirtschaftlichen und politischen Austausch zu öffnen, mit dem er eine vollständige Normalisierung der beiden Staaten erreichen wollte, bevor es dann zur Wiedervereinigung kommen sollte. Was sich durch die Wahl Kim Dae Jungs im Dezember 1998 änderte, war zum einen der Vorrang, den er dieser Politik der ausgestreckten Hand gegenüber allen anderen Bereichen einräumte, vor allem gegenüber der Wirtschafts- und Sozialpolitik – was ihm häufig vorgeworfen wurde –, zum anderen die Hartnäckigkeit, von seinen Gegnern als Sturheit und Starrsinn bezeichnet, mit der er sie verfolgte.

Die Ideen, die dieser *sunshine policy* zu Grunde liegen, sind einfach. Um die Bedrohung abzubauen, die das Regime in Pjöngjang darstellt, und um die Wiedervereinigung von einer Worthülse in ein realistisches, wenn auch langfristiges Ziel zu verwandeln, soll der Norden dazu gebracht werden, den Süden nicht länger zu fürchten und in einen Dialog mit ihm einzutreten. Die überall zu hörende Formel lautet: »Spannungen verringern und Vertrauen schaffen«.

In einem zweiten Schritt sollen im Norden Reformen gefördert werden, die mit denen in Vietnam und vor allem in China vergleichbar sind. Kim Dae Jung beschrieb die Ziele seiner Politik so: »Wenn Pjöngjang beginnt, das Land zu öffnen und Reformen durchzuführen, wird sich Nordkorea langsam in eine Marktwirtschaft verwandeln, aus der eine Mittelschicht hervorgehen wird und in einem letzten Schritt auch ein Mehrparteiensystem.« Es scheint alles erstaunlich einfach zu sein! Die Geschichtskenntnisse des südkoreanischen Präsidenten sind ebenfalls erstaunlich: Kurz vor einem Zusammentreffen mit dem amerikanischen Präsidenten Clinton erklärte er: »Ich bitte diejenigen, die angesichts dieser Politik skeptisch sind, vor allem in Washington, sich daran zu erinnern, wie die Vereinigten Staaten mit der Sowjetunion umgegangen sind. Der Zusammenbruch der UdSSR ist nicht das Ergebnis des Kalten Krieges, sondern der Entspannungspolitik.«

Bei seinem Amtsantritt verlangte Kim Dae Jung von südkoreanischen Politikern und Medien, den Ton gegenüber Nordkorea zu verändern. Statt Polemik gibt es seither vorsichtige Verhandlungsangebote und sehr viel Geld für das ausgehungerte Land im Norden der Halbinsel und seine gierigen und korrupten Führer. Provokationen sollen nur noch im Geheimen beantwortet werden, keinesfalls soll noch weiter Öl ins Feuer gegossen werden. Im Juni 1999 fand der erste große Testfall für diese neue Linie statt: Nach dem Eindringen nordkoreanischer Schiffe in südkoreanische Gewässer kam es zwar zu einem Seegefecht, aber es fielen anschließend (fast) keine Worte, die es nötig gemacht hätten, mehrere Monate zu warten, bevor man an den Verhandlungstisch zurückkehren könnte.

In Pjöngjang reagierte man auf diese neue Situation mit Verlegenheit. Nordkorea hatte Kim Dae Jung, der sich mehrfach erfolglos zur Wahl gestellt hatte, lange als Musterbeispiel eines demokratischen Antifaschisten dargestellt, der ständig den Verfolgungen des südkoreanischen Geheimdienstes (des ehemaligen KCIA) und Demütigungen durch das diktatorische Regime in Seoul ausgesetzt war, das wiederum als Befehlsempfänger der amerikanischen Imperialisten dargestellt wurde. Wie sollte Pjöngjang sich jetzt verhalten, da das Opfer überraschend zum Präsidenten gewählt worden war? Es war prekär zuzugeben, dass das »faschistische« Seoul Ergebnisse demokratischer Wahlen, anders als in der eigenen Propaganda dargestellt, sehr wohl akzeptierte. Viele Wochen lang, in denen vermutlich um eine Entscheidung gerungen wurde, kam der Name des neuen Präsidenten der Republik (Süd-)Korea in den nordkoreanischen Medien nicht vor, stattdessen wurden mehr oder weniger vage Umschreibungen gewählt.

Letztendlich reagierte Nordkorea doch mit Wohlwollen auf die Verhandlungsangebote und Freundschaftsbekundungen. Denn es ist vorrangiges Ziel der Führung in Pjöngjang, das Überleben des eigenen Regimes zu sichern, und dazu wechselt es zwischen einer Politik der Abschottung und Bedrohung einerseits und der Öffnung und Verhandlungen andererseits ab. Nordkorea öffne sich, erzählt man uns, und die Presse überschlägt sich dabei, über die bevorstehende Wiedervereinigung zu berichten. Inzwischen haben die Herren Nordkoreas eine perfekte Kunst der Verhandlungsführung entwickelt, deren Ziel nicht etwa konkrete Ergebnisse sind, sondern das Verhandeln selbst und die Sicherung ihrer Macht.

Der neue Präsident in Seoul war bereit, den Preis zu zahlen, den es kostete, mit dem Norden Gespräche zu führen oder ihren Abbruch zu verhindern. Noch weiß man nicht, wie viel Geld Pjöngjang insgesamt bekommen hat, um Kim Dae Jung zu empfangen und um ihm in relativ wolkigen Worten zu versprechen, den Austausch zwischen beiden Ländern zu fördern und sich für Frieden und Wiedervereinigung einzusetzen. Man weiß jedoch, dass vor dem Gipfel diskret die hübsche Summe von 400 Millionen Dollar auf ein Konto von Kim Jong Il in Singapur überwiesen wurde. Gegen eine Zahlung von 5,5 Millionen Dollar kam das Symphonieorchester aus Pjöngjang zu Besuch nach Seoul, und einige hundert nord- und südkoreanische Staatsbürger erhielten nach jahrzehntelanger Trennung die Gelegenheit, sich unter polizeilicher Bewachung zu treffen.

Während der Süden Schwindel erregende Summen zahlte, kamen aus dem Norden nur Versprechungen, symbolische Handlungen und viel heiße Luft. Das einzige konkrete Ergebnis des Gipfels vom Juli 2000 war das Versprechen der nordkoreanischen Nummer eins, in den Süden zu reisen. Auf den Besuch wartet Südkorea noch immer. Kim Jong Il ist ein hübscher Erfolg gelungen: Während er zuvor als unberechenbarer und grausamer Diktator erschien, gilt er seitdem als rational denkender Politiker. Unter den trendbewussten Jugendlichen Seouls wurde sein Sonnenbrillenmodell zum Verkaufsschlager, und die nordkoreanischen Restaurants der Hauptstadt des Südens erleben seither einen nicht gekannten Gästeansturm. Der Regierung in Seoul liegt so viel daran, Pjöngjang nicht zu verärgern, dass sie vor »mangelnder Objektivität« in der Presse warnte. Bis auf eine Ausnahme folgen alle Zeitungen der Aufforderung zu freundlicher Berichterstattung: Nur *Chosun Ilbo* stellte sich quer und hat sich dadurch erbitterten Hass aus Pjöngjang zugezogen.

Kurz nach dem Gipfel begannen die europäischen Staaten, mit den bemerkenswerten Ausnahmen Frankreich und Irland, einer nach dem anderen damit, das Regime in Nordkorea diplomatisch anzuerkennen. Dem schloss sich die Europäische Union als Ganzes am 14. Mai 2001 an.

Bei der Annäherung der beiden Staaten geht es nicht nur um politische Fragen. Im November 1998 ist die Regierung in Pjöngjang mit dem größten südkoreanischen Industriekonzern Hyundai übereingekommen, Kreuzfahrten von Südkorea aus zum *Kumgang* (Diamantenberg) zu organisieren, der Teil eines Bergmassivs im Südosten Nordkoreas ist. Diese Kreuzfahrten sind zu einem Symbol für die Öffnung Nordkoreas zur Welt geworden und dienen als Beweis, dass man gute Geschäfte machen kann. Tatsächlich werden südkoreanische Touristen in ein hermetisch abgeriegeltes Gebiet verfrachtet, in dem sie außer auf ihre Reisebegleiter nur auf Eichhörnchen und Vögel treffen. Die Kreuzfahrten, die anfangs äußerst populär waren, haben deshalb schnell an Attraktivität eingebüßt. Es mangelt nicht an Geschichten über Reisebegleiter, die Geldstrafen gegen

Touristen verhängt haben, weil sie ein Stück Papier auf den Boden fallen gelassen haben, weil sie sich ein paar Meter von den vorgeschriebenen Wegen entfernt, auf den Boden gespuckt oder ihre Schuhe an kleinen Wasserläufen gesäubert haben. Eine Besucherin soll wegen einer regierungskritischen Bemerkung sogar für zwei oder drei Tage verhaftet worden sein.

In dem Vertrag war festgelegt worden, dass Hyundai monatlich 12 Millionen Dollar an Nordkorea zahlen sollte, wobei der Konzern davon ausging, dass das Unternehmen rentabel sein würde. Als Hyundai innerhalb eines Jahres riesige Summen verloren hatte, wollte der Konzern das Experiment beenden. Ein Abbruch der Kreuzfahrten konnte nur dank der Unterstützung der südkoreanischen Steuerzahler vermieden werden, die von der Regierung in Seoul freundlich in die Pflicht genommen wurden, weil sie fand, dass dieses Unternehmen ihren Zielen zugute kam. Im März 2002 erklärte sich die südkoreanische Regierung dazu bereit, diese Reisen fortan zu subventionieren, beziehungsweise dem Norden die Einkünfte aus der »Rechtevergabe« zu garantieren, indem sie monatlich 1,4 Millionen Dollar direkt überwies. Allen Rechtfertigungsversuchen der Regierung Kim Dae Jungs zum Trotz ist das Unternehmen vor allem ein wirtschaftliches Desaster: Ausgaben von 525 Millionen Dollar stehen Einkünfte von nur 233 Millionen entgegen. Die Zukunft dieser Kreuzfahrten ist ungewiss, und es fällt auch schwer zu erkennen, inwiefern sie zur Verbesserung der Lebensbedingungen der Nordkoreaner beitragen.

Auch andere südkoreanische Firmen haben Interesse an Geschäften mit dem Norden bekundet. Bei einem Großprojekt zur Errichtung einer Fabrik, die Mobiltelefone herstellen soll, stehen mehrere Unternehmen in direkter Konkurrenz zueinander. In Nampo wurde am 5. April 2002 eine Montagehalle eingeweiht, in der Autoteile zusammengebaut werden. Die Investitionen im Wert von 55 Millionen Dollar wurden von einer Finanzgruppe getätigt, zu der die Gesellschaft zur Vereinigung des Weltchristentums des »Reverend« Sun Myun Moon gehört. Das *joint venture* soll eine Kapazität von jährlich 10.000 Autos haben. Die Wagen sollen von Fiat konzipiert und nach der hübschen Stadt Siena in der Toscana benannt werden. Von einigen Koreanern wird sogar die Serienfertigung des VW Golf in Betracht gezogen.

Der interkoreanische Handel ist im ersten Trimester 2002 im Vergleich zum Vorjahr um 15 Prozent gewachsen – die Überweisungen des Südens fließen allerdings in diese Rechnung mit ein. Im Jahr 2001 hat sich die Zahl der Techniker, die im Norden Aufträge ausgeführt haben, auf 200 verdoppelt; die Zahl der südkoreanischen Touristen in Nordkorea ist von einigen Hundert auf einige Tausend angestiegen.

Was steckt hinter diesen Anstrengungen Südkoreas und der internationalen Gemeinschaft? Im Umkreis der Regierung heißt es, dass ein schneller Sturz des nordkoreanischen Regimes verhindert werden soll, da sonst Südkorea die gesamte Last der Wiedervereinigung tragen müsse. »Unser wichtigstes Ziel ist es, einen wirtschaftlichen Zusammenbruch des Landes zu vermeiden. Wenn Nordkorea zusammenbricht, wird uns das ein Vermögen kosten«, erklärte vor kurzem der wichtigste Wirtschaftsberater Kim Dae Jungs. Je nach Rechenmodell belaufen sich die Schätzungen auf Summen zwischen 200 und 1000 Milliarden Dollar. Die Schwierigkeiten bei der deutschen Wiedervereinigung werden ebenfalls als Begründung herangezogen, um den Stichtag hinauszuzögern. Preisstabilität wie Handelsbilanz würden viel stärker als bei der Wiedervereinigung Deutschlands in Mitleidenschaft gezogen, weil die Kluft zwischen Nord und Süd viel größer sei als sie zwischen Ost- und Westdeutschland war. Während die DDR ein Drittel des Bruttosozialprodukts der Bundesrepublik erreichte, liegt das Verhältnis zwischen Pjöngjang und Seoul bei eins zu zehn. Weitaus dramatischere Konsequenzen dürfte das Verhältnis zwischen den Bevölkerungszahlen haben: Die Ostdeutschen stellen nur ein Fünftel der deutschen Bevölkerung dar, aber ein Drittel der koreanischen Gesamtbevölkerung lebt im Norden. Der »Happen« ist viel schwerer zu verdauen! Auch würde Südkorea sich mit der Befreiung der Häftlinge in den nordkoreanischen Lagern und der Beendigung der latenten Hungersnot übernehmen.

Ist diese Haltung gerechtfertigt? Schließlich erhält Nordkorea jedes Jahr mehr Spenden, mehr Subventionen und mehr Geschenke. Mittlerweile hat das Land tausende Tonnen Dünger, hunderttausende Tonnen Nahrung und immense Hilfsgelder bekommen. Und was ist das Ergebnis?

Manchmal ist die Verbindung zwischen einem diplomatischen Vorstoß Nordkoreas und einem Geldgeschenk des Südens so offensichtlich, dass es schwierig ist, darin etwas anderes als ein zynisches Kalkül Pjöngjangs zu sehen, ganz in der Tradition der DDR-Regierung, die sich die Ausreise ausgewählter Bürger teuer von der Bundesregierung bezahlen ließ. Am 18. April 2002 entschied sich die Regierung Südkoreas beispielsweise, 50 Millionen Dollar freizugeben, mit denen Düngemittel für den Norden gekauft werden sollten. Am Ende des gleichen Monats organisierte Pjöngjang die vierte Familienzusammenführung seit Juni 2000. Die Kosten von 600.000 Dollar ließ sich Nordkorea von Seoul erstatten.

Die Europäische Union und das Welternährungsprogramm (WFP) unterstützen Seouls Politik der langsamen Annäherung. Ein Verantwortlicher dieses UN-Programms erklärte vor kurzem: »Wir helfen den Nordkoreanern, die Welt besser zu verstehen, und ich glaube, wir haben dazu beigetragen, das Land über Pjöngjang hinaus zu öffnen.« Auch in den Broschüren des WFP ist zu lesen, dass Nordkorea sich der Welt öffne, dass immer mehr Regionen besucht werden könnten: Inzwischen seien schon 163 von 206 Verwaltungsbezirken nicht mehr für Ausländer verschlossen. Die Geschichte zeigt jedoch, dass die Beziehungen Nordkoreas zur Welt einer Sinuskurve mit Perioden der Erwärmung und der Abkühlung gleichen. Die Amerikaner sprechen in diesem Zusammenhang von *on- and off-sessions*.

Diese These findet sich auch in so sensiblen Bereichen wie der Atomenergie bestätigt. Im Jahr 1985 haben die Nordkoreaner den Atomwaffensperrvertrag unterschrieben, in der Folgezeit aber jede internationale Inspektion abgelehnt. 1990 verbesserten sich die Beziehungen wieder: Die Premierminister der beiden Koreas nahmen bilaterale Gespräche auf. Bei ihrem fünften Treffen am 13. Dezember 1991 hatten sie eine gemeinsame Basis zur Verständigung gefunden. Aber im September 1992 verlangten die Nordkoreaner die Zerstörung einer amerikanischen Militärbasis im Süden, im November protestierten sie gegen gemeinsame amerikanisch-südkoreanische Manöver und stellten die getroffenen Übereinkünfte wieder in Frage.

1993 verschärfte sich die Krise: Die Nordkoreaner lehnten Inspektionen ab. Schlimmer noch: Sie entschieden, sich aus der Internationalen Atomenergiekommission (IAEA) zurückzuziehen, von der diese Inspektionen organisiert werden. Damit entzog sich der Norden jeder Verpflichtung, die zivilen Atomanlagen nicht zu militärischen Zwecken zu nutzen. Der Süden und die Weltöffentlichkeit reagierten mit »freundschaftlichem Drängen«, mit Geschenken und Versprechungen. Nach Monaten ergebnisloser Verhandlungen wurde 1994 ein Kompromiss gefunden. Pjöngjang erklärte sich bereit, die beiden Atomkraftwerke stillzulegen, deren Brennstoffe zu militärischen Zwecken hätten verwendet werden können. Im Gegenzug versprachen Japan, Südkorea und der Westen in Gestalt der Europäischen Union und der Vereinigten Staaten, ein neues und »sauberes« Kraftwerk zu bauen. Das Projekt wurde KEDO (Korean Energy Development Organization) getauft, sollte sechs Milliarden Dollar kosten und in einer Bauzeit von acht Jahren realisiert werden. Die Fertigstellung war für 2003 vorgesehen. Als Kompensation für den zwischenzeitlichen Ausfall dieser wichtigen Energiequelle versprachen die USA, jedes Jahr 500.000 Tonnen Erdöl zu liefern.

Die Übereinkunft mit Nordkorea setzt natürlich voraus, dass Pjöngjang nicht im Geheimen, geschützt vor den indiskreten Augen der Spionage-Satelliten, weiter an der Entwicklung von Atomwaffen arbeitet, während der Westen gleichzeitig ein kostenloses Kraftwerk baut. Genau das ist der Knackpunkt: Es gibt keine Sicherheit, denn wie im Irak sind Inspektoren nicht willkommen. Aus Angst, von Nordkorea getäuscht zu werden, zeigt der Westen – die Japaner und die Amerikaner – keine besondere Eile, und es sieht so aus, als ob die Arbeiten nicht vor 2008 abgeschlossen würden. Pjöngjang ist darüber verärgert und droht offen damit, die Atomforschung wieder aufzunehmen und die alten Kraftwerke wieder in Betrieb zu nehmen, wenn das Arbeitstempo nicht erhöht wird[*]. Damit gibt es für Nordkorea genügend Vorwände, die Gespräche zu unterbrechen oder das gute Verhältnis zu Südkorea gegen die schlechten Beziehungen zu den USA auszuspielen. Wenn die Verhandlungen dann irgendwann wieder aufgenommen werden, hat Pjöngjang wieder Zeit gewonnen und weitere Hilfe bekommen. Handelt es sich um ein kalkuliertes Vorgehen? Genau das ist die Auffassung des nordkoreanischen Ideologen Hwang Jang Yop, wie er kurz nach seiner Ankunft in Seoul verkün-

---

[*] Nordkorea hat diese Drohung inzwischen wahr gemacht; vergleiche Kapitel 7.

dete. Es klingt durchaus einleuchtend, wenn der ehemalige Lehrer von Kim Jong Il, der zum Führungszirkel der Macht gehörte, sagt, Nordkorea Hilfe zu gewähren bedeute zu akzeptieren, dass vor allem Armee und Führungsschicht daraus Nutzen ziehen. Als er Kritik an dem im Juni 2000 beginnenden Gipfeltreffen äußerte, drohte der Stab von Kim Dae Jung damit, ihn aus seiner geheimen Villa in Seoul hinauszuwerfen (was von den Geheimdiensten geleugnet wird). Hwang Jang Yop wurde zusammen mit anderen, die ihre Kontakte zu den Befürwortern eines Übergangs zur Demokratie in Nordkorea pflegen wollten, gebeten, ihre Aktivitäten vorerst einzustellen.

Der Winter des Jahres 2001 und der Frühling des Jahres 2002 stellten eine schwierige Periode für die *sunshine policy* dar. Es schien, als habe sich Nordkorea offiziell für eine Politik nach dem Motto »Ein Schritt vor, zwei Schritte zurück« entschieden. Die *Far Eastern Economic Review,* die als bestinformierte Wochenzeitschrift gilt, was nordkoreanische Politik betrifft, veröffentlichte im Mai 2002 geheime Dokumente der Arbeitspartei, die diese Vermutung bestätigen. Sie wurden jedoch kaum zur Kenntnis genommen, weil sie den offiziellen Interessen im Wege standen. Kim Il Song forderte nach diesen Dokumenten die Parteimitglieder auf, den von Südkorea ausgehenden Versuchungen zu widerstehen: »Unsere Feinde versuchen zur Zeit, mit uns zu kooperieren und einen Austausch zu organisieren … In Wahrheit wollen sie jedoch nur unser System von innen zerstören. Wir müssen vorsichtig sein. Wir dürfen nichts von unseren Feinden erwarten …« Mit Blick auf die, die sich zu positiv über mögliche Reformen im Inneren des Regimes äußerten, fügte er hinzu: »Unsere oberste Priorität muss es sein, die Feinde unseres Landes aufzuspüren und vollkommen zu vernichten.« Das ließe sich natürlich als Ankündigung neuer Säuberungsaktionen verstehen und als Hinweis, dass sich definitiv nichts verändern wird. Allerdings scheint es ja offenbar einem hochrangigen Mitglied der Führung (das vielleicht gar nicht auf eigene Faust gehandelt hat) gelungen zu sein, aus der Tiefe des Eremiten-Königreichs ein Kim Jong Il kompromittierendes Dokument herauszuschmuggeln und an einen westlichen Journalisten weiterzugeben: Widerstand, Zufall oder Manipulation?

6. Die trügerische Öffnung zur Welt

Das Treffen der beiden Führer von Nord und Süd im Juni 2000 hat viele Hoffnungen geweckt. Aber bereits am Ende des gleichen Jahres, sechs Monate nach der großen Umarmung mit Pjöngjang, verschlechterten sich die Beziehungen erneut: Die Veröffentlichung des jährlich erscheinenden Weißbuchs der südkoreanischen Armee, in dem der Norden weiterhin als gefährlichster potentieller Gegner aufgeführt wurde, nahm Nordkorea zum Anlass, sich empört zu zeigen. Eine solche Reaktion war zu erwarten gewesen – schließlich folgte sie dem bekannten Muster. Die nordkoreanische Führung bremst Verhandlungen systematisch aus, sobald es um mehr als symbolische Zugeständnisse geht, um anschließend abzuwarten, dass die andere Seite sich mit neuen Spenden und Hilfsversprechen bemüht, die Gespräche wieder in Gang zu setzen.

Im Jahr 2001 gab es kaum innerkoreanische Kontakte. Trotz aller Bemühungen um einen Dialog konnte die südkoreanische Regierung nicht mehr als ein Treffen von Familien aus Nord und Süd erreichen. Im Frühling 2002 versuchte Lim Dong Won, Organisator des Gipfeltreffens vom Juni 2000 und ehemaliger Leiter des südkoreanischen Geheimdienstes, die Atmosphäre zwischen den beiden Ländern wieder zu verbessern, ebenfalls ohne Erfolg. Stattdessen ließen sich die Nordkoreaner zu dem erwähnten Seeangriff im Juni 2002 hinreißen.

Dennoch wurde der Dialog paradoxerweise im Sommer 2002 aus vier Gründen wieder aufgenommen:

1. Die Drohungen der USA, die Nordkorea auf der »Achse des Bösen« angesiedelt hatten, zwangen das Land dazu,

guten Willen zu zeigen. Die Anschuldigungen der Amerikaner sollten vor den Augen der Weltöffentlichkeit widerlegt werden. Pjöngjang wollte verhindern, dass die Vereinigten Staaten durch Druck – wie etwa dem Einstellen der Nahrungsmittelhilfe – Inspektionen der Internationalen Atomenergiebehörde erzwangen.

2. Die Präsidentschaftswahlen in Südkorea Ende 2002 konnten Pjöngjang nicht gleichgültig lassen. Nordkorea musste vielmehr daran interessiert sein, dass ein Parteigänger Kim Dae Jungs gewählt wurde, der sich selbst nicht mehr zur Wahl stellen konnte. Ganz in diesem Sinne erklärte einer der nordkoreanischen Verhandlungsführer, Präsident des Rats der Nationalen Wiedervereinigung, nach einem Treffen mit der südkoreanischen Regierung Mitte August 2002: »Wer auch immer nächstes Jahr an der Macht sein wird, muss den innerkoreanischen Vertrag vom 15. Juni 2000 respektieren.« Einer großen Zahl von Südkoreanern erschien es jedoch mittlerweile sinnlos, riesige Summen (fast zwei Milliarden Dollar innerhalb von vier Jahren) für derart dünne Ergebnisse auszugeben. Nordkorea musste daher daran gelegen sein, Bereitschaft zu weiterer Öffnung und zu Verhandlungen zu signalisieren und so zu zeigen, dass die *sunshine policy* bei allen Hochs und Tiefs zu Ergebnissen geführt habe, die es zu vertiefen lohne. Pjöngjang lag deshalb viel daran, dass ein Präsident gewählt würde, der eine Politik im Sinne Kim Dae Jungs betreiben wollte, die der des konservativen Kandidaten Lee Hoi Chang entgegenstand, der Gegenseitigkeit und Transparenz in den innerkoreanischen Beziehungen forderte.

3. Die Interessen der einfachen Nordkoreaner spielten zwar keine Rolle bei den Entscheidungen der Führung in Pjöngjang, sie konnte aber die elende Lage des Volks nicht völlig außer Acht lassen, weil sie einen Nährboden für

Gewalt darstellt und immer mehr Menschen zur Flucht treibt.

4. Die strategischen Vorteile sind nicht zu vernachlässigen. Wenn das Pentagon sich über die Gefährlichkeit Nordkoreas oder über den diktatorischen Charakter des Regimes äußert, ist das für die nordkoreanische Führung immer ein Anlass für öffentlichkeitswirksame Empörung. Die USA dienen Kim Jong Il und seinen Komplizen als Alibi. Sie wollen der Welt signalisieren: Wenn wir uns der Öffnung widersetzen, dann wegen der Politik der Bush-Regierung. Spektakuläre Gesten werden von Pjöngjang immer von dem Hinweis begleitet, dass die USA einer Wiedervereinigung im Wege stehen. Das führt umgehend dazu, dass die antiamerikanische Stimmung, die im Süden des Landes ohnehin weit verbreitet ist, neuen Schwung bekommt.

Seit dem Sommer 2002 hat es wie vor dem Juni 2000 wieder zahlreiche Zeichen einer neuen Öffnungspolitik gegeben: Sie reichen von einem Fußballspiel zwischen Nord und Süd im September über Künstlertreffen und die gemeinsame Gedenkfeier der Nationalen Unabhängigkeit am 15. August bis zur Teilnahme Nordkoreas an den Asienspielen in Pusan vom 29. September bis zum 14. Oktober 2002, bei denen Südkorea alle Kosten für die 650 nordkoreanischen Sportler und Begleiter übernahm und versprechen musste, eventuell abtrünnige Gäste sofort in den Norden zurückzuschicken.

Zu den ebenso Aufsehen erregenden wie folgenlosen Demonstrationen des guten Willens der nordkoreanischen Führung gehört auch, südkoreanischen Motorradfahrern Zugang zum *Kumgang* zu ermöglichen. Einer der Vorsitzenden der Vereinigung der südkoreanischen Motorradfahrer erklärte daraufhin feierlich, dass »die Freiheit der Motorradfahrer Symbol der Freiheit des Landes« sei. Die Vereinigung zahlte auch hier ein ansehnliches Sümmchen für das Recht, einen von der Armee komplett abgesperrten Parcours befahren zu dürfen. Die Regierung in Seoul war damit zufrieden. Sie begnügte sich auch mit dem Bedauern Nordkoreas über den von Pjöngjang provozierten Zwischenfall auf See, obwohl sie vorher eine Entschuldigung verlangt hatte, und verzichtete auf die Veröffentlichung des umstrittenen Weißbuchs der Armee, in dem Nordkorea unvermeidlich als größte Gefahr dargestellt worden wäre.

Ende August 2002 beschlossen Pjöngjang und Seoul eine ganze Reihe gemeinsamer Maßnahmen. Sie verabschiedeten einen Zeitplan für zukünftige Treffen und verpflichteten sich zur Umsetzung einiger konkreter Projekte wie der Fertigstellung der Eisenbahnlinie Sinuiju–Pjöngjang–Seoul. Nordkorea versprach damals, die Linie bis zum Ende des gleichen Jahres auszubauen, hat aber anders als der Süden seine Zusage noch immer nicht erfüllt. Selbstverständlich hatte Südkorea zugesagt, die nötigen 330 Milliarden Wong (275 Millionen Euro) zu übernehmen.

Der verabredete Austausch von Sportlern, Musikern und anderen Gruppen stellte nichts Neues mehr dar. Ungewohntes tat sich aber in der Wirtschaft: Es sah so aus, als ob der Norden in einem Bereich, in dem er Veränderungen nicht so schnell rückgängig machen konnte, zu tief greifenden Reformen bereit wäre. Während über der ganzen Debatte der Geist Gorbatschows schwebte, oder eher noch der von Chruschtschow, darf nicht vergessen werden, dass die Reformen des Letzteren mehr als eine Generation vor dem Zusammenbruch des kommunistischen Systems begonnen wurden: 35 Jahre sind eine lange Zeit, vor allem für die hungernden Nordkoreaner.

Wie sehen die Veränderungen genau aus? Wenn auch noch nicht sicher ist, bei welchen Schritten es sich um begrenzte Experimente handelt und welche endgültig und auf breiter

Front durchgesetzt werden, lassen sich mit einiger Vorsicht doch einige Maßnahmen nennen:

- Anhebung der Preise einiger Grundnahrungsmittel wie Reis, dessen Preis um das 550fache von 0,08 auf 44 Won gestiegen ist. Es ist jedoch noch zu früh zu sagen, ob diese Maßnahmen einen ersten Schritt zur Abkehr vom sakrosankten Prinzip der willkürlichen Preisfestsetzung bedeuten, bei dem für alle Waren ohne Rücksicht auf die öffentlichen Finanzen ein vom realen Wert unabhängiger Preis bestimmt wird.

- Anhebung der Löhne. Das Monatseinkommen der Arbeiter soll von 110 Won (was offiziell 50 Euro, auf dem Schwarzmarkt jedoch nicht einmal einem Euro entspricht) auf 2000 Won angestiegen sein. Das monatliche Gehalt ist damit nominell 18-mal so hoch wie zuvor; zugleich hat der nordkoreanische Won so viel an Wert verloren, dass man heute 70-mal so viel für einen Dollar bekommt wie vor den Reformen!

- Vereinfachung des Währungssystems. Zunächst unter Vorbehalt ist das alte System der zwei Geschwindigkeiten abgeschafft worden, in dem es »blaue Wons« und »braune Wons« gab. Die »blauen Wons« konnten von der nordkoreanischen Elite und Ausländern gegen Dollars getauscht werden, die »braunen Wons« waren für den Alltag der Masse gedacht, wurden aber angesichts der Verteilung von Gebrauchsgütern auf Marken relativ wenig gebraucht. Inzwischen ist nur noch ein einziger Won im Umlauf, dessen Kurs deutlich entwertet wurde: Ein Dollar war vorher 2,14 Won wert. Heute hat er einen Wert von 153 Won, was eine Aufwertung von ca. 7000 Prozent bedeutet und eine Annäherung an den Schwarzmarktkurs darstellt, nach dem auch in der Sonderwirtschaftszone Rajin-Seobin gehandelt wird. Es bleibt zu hoffen, dass sich dies nicht nur auf die Hotelrechnungen für Ausländer auswirkt, die in Dollars bezahlen müssen. Einigen Beobachtern zufolge hat diese Maßnahme vor allem zum Zweck, die Bevölkerung dazu zu bewegen, Dollars und Nahrungsmittel aus ihren Verstecken zu holen und sie aus dem Reich der Schattenwirtschaft in die Staatswirtschaft einzuführen.

- Außerdem ist angekündigt worden, das alte System der Konsumgüterverteilung nach und nach aufzugeben. Stattdessen sollen der freie Geldumlauf und der Privatkonsum gefördert werden. Ganz abgeschafft wird das Verteilungssystem nicht; für bestimmte Personengruppen wie Soldaten und Kinder soll es aufrechterhalten bleiben.

- Auf dem Land soll Privatbesitz ermöglicht werden. Am 23. September 2002 gab Nordkorea bekannt, dass zwei Monate zuvor in einigen Testregionen im Nordosten des Landes, nahe den Städten Musan und Hoeryong, ein »Privatisierungsprogramm« für die Landwirtschaft aufgelegt worden war. Danach würde jedem Bauern ein Stück Land zugestanden, das vorher zu den kollektivierten Höfen gehört hatte; allerdings sind die Landstücke gerade mal 165 bis 1320 Quadratmeter groß.

Zu diesen Veränderungen im Finanzwesen und in der Wirtschaft kommen Reformen in der Verwaltung hinzu, die die Arbeit der Unternehmen erleichtern sollen. Die Zahl der Parteimitglieder, die die Unternehmen politisch überwachen, soll verringert werden: Statt all der Sekretäre, die für Propaganda, Organisation, Arbeit usw. verantwortlich waren, soll es einen einzigen Parteisekretär mit zwei Assistenten geben. »Mehr Experten« hat Kim Jong Il als Parole ausgegeben. Sein Appell erinnert an den berühmten Ausspruch von Den Xiao Ping: »Was kümmert mich die Farbe der Katze, solange sie Mäuse fängt.«
China ermutigt die nordkoreanische Führung häufig zu

Wirtschaftsreformen. Im August 2002 berichtete der chinesische Botschafter in Pjöngjang, Li Bin, dass Kim Il Jong nach Besuchen in Shanghai und anderen chinesischen Städten erklärt habe, sein Land müsse die ökonomischen Schwierigkeiten so schnell wie möglich überwinden und neue Rahmenbedingungen für die Wirtschaft schaffen. Die chinesische Führung bleibt jedoch in der Bewertung der Veränderungen zurückhaltend. Denn zur gleichen Zeit erklärte der chinesische Außenminister Tang Jiaxuan, nicht recht beurteilen zu können, ob die in kleinem Maßstab begonnenen Reformen bedeuteten, dass Pjöngjang die gesamte Wirtschaft nach chinesischem Vorbild öffnen wolle. Er räumte ein, dass »Nordkorea seine eigenen Methoden entwickelt hat und dass die chinesischen Erfahrungen in der Reformierung der Wirtschaft sicher nicht hundertprozentig angewandt werden können«.

Ist Skepsis nach all den angekündigten und dann verworfenen Reformen überhaupt noch angebracht? Zu den stärksten Verfechtern der These, dass sich Nordkorea wirklich der Welt öffnet, gehören der Vereinigungsminister Lim Dong Won und der ehemalige amerikanische Botschafter in Seoul, Donald Gregg. Ihrer Meinung nach hatten die Reisen Kim Il Jongs nach Russland und China zum Ziel, die Auswirkungen des Kapitalismus zu studieren. Der nordkoreanische Führer wolle Investitionen und Fachleute aus anderen Ländern in seine Bastion holen. »Er will das Land wirklich öffnen und die Wirtschaft reformieren«, erklärte Lim Dong Won, und Donald Gregg vermutete: »Er will, dass Nordkorea in die Weltgemeinschaft zurückkehrt.« Seinen Angaben zufolge hat Kim Jong Il nach seiner letzten Reise in die russische Hauptstadt einen Brief an Putin geschickt, in dem sich eine bemerkenswerte Formulierung findet: »Sie haben die richtige Wahl getroffen. Der Kommunismus wird nie wieder nach Russland zurückkehren.«

Muss man nun von einem »Pjöngjanger Frühling« sprechen, wie es die amerikanische Journalistin Barbara Derrick im Mai 2002 in der *Los Angeles Times* tat? Kann sich Nordkorea in ein kleines China verwandeln? Und sollte man darüber froh sein? Sicherlich würde auch ein System, das dem chinesischen ähnelt, trotz aller Härte und Ungerechtigkeit und trotz des Fortbestehens der Einparteienherrschaft für die unglücklichen Nordkoreaner die Tore zu einem besseren Leben öffnen. Aber ist ein Übergang von einem geschwächten kommunistischen Regime zu einer starken Diktatur wünschenswert – oder nicht doch eher Demokratie, Freiheit und Rechtsstaatlichkeit? Wird Nordkorea nicht eine Gefahr für seine Nachbarn bleiben, wenn es sich in ein kleines China verwandelt – man könnte die Taiwanesen fragen, was sie davon halten –, und wäre nicht vielmehr zu wünschen, dass Nordkorea ein friedlicher Staat wird?

Man sollte sich nicht täuschen: Bei diesen Reformen geht es nicht darum, den Kommunismus zu zerstören. Das Ziel bleibt das eigene Überleben; und um dieses zu sichern, sind ausländische Investitionen und einzelne Reformen, die die Wirtschaft effizienter machen, sehr willkommen. Was daraus wird, lässt sich nicht sagen. Bereits jetzt erwarten manche Experten ein baldiges Ansteigen der Inflation und neue Abwertungen des Won.

Die Reformen zeugen auch vom Willen des Regimes, die Ordnung wieder herzustellen und den Schwarzmarkt zu bekämpfen. In der Vergangenheit haben die staatlichen Geschäfte ihre Waren beispielsweise direkt auf dem Land verkauft und dort billigere Nahrungsmittel bezogen. In Zukunft wird ihnen das nicht mehr gestattet werden, weil sie wieder für die Stadtbewohner da sein sollen. Zugleich wird durch die Genehmigung privaten Landbesitzes nur etwas legalisiert, was es in der Praxis schon lange gibt. Mit dem Wildwuchs der mehr oder weniger privaten Aktivitäten der

Nordkoreaner soll Schluss ein! Schließlich ermöglicht die Legalisierung eine viel bessere Kontrolle des Landbesitzes – und sogar eine Besteuerung.

Was bleibt, ist das Ziel, die Herrschaft des Regimes aufrechtzuerhalten und den Staat Nordkorea und seine Macht zu stärken. Es gibt keinen Grund zu übertriebenem Optimismus.

Auf alle Fälle sollte man angesichts all dieser verwirrenden und überstürzt angekündigten Maßnahmen einen kühlen Kopf bewahren. Ende September 2002 wurde beispielsweise in der Presse berichtet, dass die nordkoreanische Führung einem einflussreichen chinesisch-niederländischen Geschäftsmann, Yang Bin, die Leitung einer Sonderwirtschafszone übertragen habe, die an der chinesischen Grenze gegenüber der Stadt Dandong eingerichtet werden sollte. Für viele war dies ein weiterer Beweis für die »Öffnung« Nordkoreas zur Welt. Allerdings wurde schnell bekannt, dass über 500.000 Nordkoreaner umgesiedelt werden sollten, damit sie nicht mit den schädlichen Folgeerscheinungen des Kapitalismus in Berührung kämen. Und damit nicht genug: Wenige Tage nachdem diese Nachricht durchgesickert war, wurde der schwerreiche Geschäftsmann wegen Korruption inhaftiert.

Die erneute Ankündigung vom Herbst 2002, das Land zu öffnen, ist mit Vorsicht zu genießen. Ist die Begeisterung vergessen, die in der Presse und bei den Kommentatoren zu beobachten war, als das Protokoll der Versöhnung am 13. Dezember 1991 unterschrieben wurde? Im Juni 2000 machte sich wieder eine ähnliche Euphorie breit. Zwar ist es durchaus denkbar, dass ein Friedensvertrag unterschrieben wird und dass es zum Abbau von Spannungen in der Region kommt, aber welche Bedeutung hat das für die 21 Millionen Einwohner Nordkoreas, die Hunger leiden und sich nach Freiheit sehnen? Wird hier nicht eine Konsolidierung des nordkoreanischen Staates mit Demokratisierung verwechselt? Es ist erstaunlich, dass die Befürworter der *sunshine policy* so wenig vorsichtig agieren und keine Alternativen entwickeln. Wie kann man einer Gruppe von Mördern vorbehaltlos trauen, denen bisher vor allem daran lag, die Hoffnungen und Ängste, die sie hervorgerufen haben, in klingende Münze umzusetzen? Hatte die jüngste Annäherung an Japan nicht vor allem zum Zweck, an die riesigen Geldsummen zu kommen, die Pjöngjang als Entschädigung für die Kolonialzeit fordert? Ist es bei der Politik der Öffnung Ende 2002 nicht hauptsächlich darum gegangen, bei den Präsidentschaftswahlen in Südkorea den Kandidaten zu unterstützen, der das Werk Kim Dae Jungs ohne Änderungen fortsetzen wollte – eines Präsidenten, der sich dafür entschieden hatte, dem Norden immer mehr Hilfe zukommen zu lassen, ohne jemals eine Gegenleistung einzufordern?

Bei den guten Absichten, die von Pjöngjang angeführt werden, darf man nicht vergessen, dass es in Nordkorea weiter an Nahrungsmitteln, Energie und vielem anderen fehlt. David Morton, der Chef des Welternährungsprogramms (WFP), wies vor kurzem darauf hin, dass die Nordkoreaner weiter hungern, und er sagte voraus, dass es im kommenden Winter furchtbare Probleme in den unbeheizten Krankenhäusern und Schulen geben würde. Das WFP hat seine Beitragszahler dringend darum gebeten, die Hilfsprogramme zu unterstützen – obwohl festgestellt wurde, dass sich die Lage leicht verbessert, dass weniger Nahrungsmittel fehlen und es seltener an Energie mangelt, dass mehr Autos auf Pjöngjangs Straßen fahren und dass es zumindest den Kindern besser geht. Auf dem Land hat sich die Lage kaum verändert, aber David Morton erwartet in Zukunft dank der internationalen Hilfe bessere Ernten.

Vielleicht wird man in einigen Jahren sagen, dass die Vereinigten Staaten, die bei weitem der größte Spender sind, durch ihre Milch- und Getreidelieferungen (Weizen, Reis,

Mais) das Regime am Leben erhalten haben; genauso wie man sagt, dass sie zunächst Bin Laden unterstützt haben.

Die Probleme werden immer drängender. Das gilt auch für die Nahrungsmittelhilfe. Die Weltlage begünstigt Nordkorea nicht gerade: Während das Land 2001 weltweit größter Empfänger von Hilfslieferungen war, nahm 2002 Afghanistan diese Position ein, und viel spricht dafür, dass 2003 der Irak mehr Hilfe als alle anderen bekommen wird.

Auch politisch wird die Situation problematischer, denn die neue Regierung in Südkorea wird sicherlich nicht so viel Entgegenkommen zeigen wie die Regierung Kim Dae Jungs. Pjöngjang ist zwar gezwungen, auf die Angebote des Südens zu reagieren, aber wo es Zugeständnisse geben könnte, bleibt unklar. Bei der Sicherheit? Unwahrscheinlich. Bei den Menschenrechten? Man braucht nicht viel Phantasie, um vorherzusagen, dass Nordkorea zahlreiche internationale Konventionen unterzeichnet, die zu nichts wirklich verpflichten. Pjöngjang hat sogar vor kurzem erstmals einen Bericht über die Menschenrechtslage in Nordkorea in Genf hinterlegt (sie ist selbstverständlich ausgezeichnet). Aber wird das reichen?

Auch die diplomatische Situation wird immer komplizierter. Wie lange wird China noch einen ständig wachsenden Flüchtlingsstrom über seine Nordostgrenze akzeptieren, in einer Region, die wegen Fabrikschließungen und Umstrukturierungen bereits jetzt von sozialen Unruhen erschüttert wird? Die Präsenz nordkoreanischer Flüchtlinge in Peking und in anderen großen Städten führt sowohl der chinesischen Führung als auch westlichen Diplomaten vor Augen, dass die Nordkoreaner keineswegs dazu bereit sind, noch Jahrzehnte zu warten, dass sie vielmehr sofort besser und freier leben wollen.

Die wirtschaftlichen Perspektiven Pjöngjangs sind düster. Seitdem Washington dem Terrorismus den Krieg erklärt hat, ist es für Nordkorea schwieriger geworden, Raketen zu verkaufen. Glaubt man Hajime Izumi, einem japanischen Nordkorea-Experten, droht diese bei weitem bedeutendste Einnahmequelle Nordkoreas zu versiegen. Pakistan, ein langjähriger Käufer, ist nach dem 11. September ins Lager der Amerikaner gewechselt und hat seine Bestellungen bereits storniert. Die wirtschaftlichen Konsequenzen sind dramatisch. Gleiches gilt für die Entscheidung der japanischen Polizei, die Devisentransfers und Warenlieferungen der in Japan lebenden Koreaner nach Pjöngjang strenger zu kontrollieren.

Der militärische Druck nimmt ebenfalls zu. Genau wie Saddam Hussein hat sich Kim Jong Il bislang hartnäckig geweigert, das Geheimnis um sein Arsenal biologischer und chemischer Waffen zu lüften. Als er zugab, über Atomwaffen zu verfügen, ließ er wissen, dass »alles verhandelbar« sei, auch seine Atomanlagen, drohte aber zugleich damit, die Tests mit Langstreckenraketen wieder aufzunehmen. Es ist nicht ganz klar, ob es Nordkorea darum ging, die Vereinigten Staaten, die sich auf den Golfkrieg konzentrierten, durch die Schaffung eines neuen internationalen Krisenherds zu verwirren, oder ob es bloß wieder einmal Ziel war, die Gefahr, die das Land für die Stabilität in der Region darstellt, in finanzielle Unterstützung umzuwandeln. Sicher ist hingegen, dass Washington irgendwann reagieren wird. Und auch Tokio, das wegen der nuklearen Bedrohung aus Nordkorea beunruhigt ist, wird nicht ewig tatenlos zusehen.

Kann man zumindest einige Voraussagen riskieren? Bei seiner Rückkehr aus Pjöngjang im Juni 2000 erklärte Kim Dae Jung überschwänglich, dass »eine neue Zeit beginnt und dass das Land dabei ist, ein neues Kapitel im Buch seiner Geschichte zu öffnen und eine 55-jährige Teilung und Feindschaft zu beenden.«

Im Grunde hat sich jedoch nur wenig verändert: Die Lager

wurden nicht geöffnet, und es gab keinerlei Schritte in Richtung Demokratie. Die Propaganda ist so platt wie eh und je, und noch immer sind mehr als hunderttausend Nordkoreaner in den Lagern inhaftiert. Dass man sich etwas freier bewegen kann und dass es weniger gefährlich ist, die Grenzen zu überschreiten, ist weniger Ergebnis der Liberalisierung der Partei als vielmehr Konsequenz der Unruhe, die durch die Hungersnot entstanden ist.

Es ist möglich, dass Pjöngjang in der nächsten Zeit Friedensverträge unterschreibt, dass es die friedliche Koexistenz als Grundlage der Beziehungen akzeptiert oder sogar unterstützt, aber es lässt sich nicht mit Sicherheit sagen, dass sich das Regime durch den erfreulichen Einfluss ausländischer Kontakte oder Investitionen wandeln wird. Die Nachbarmächte würden zwar gerne einige Reformen und etwas mehr Stabilität sehen, legen aber keinen Wert auf dramatische Umwälzungen. Wer sollte daran wirklich Interesse haben?

Dass für die Vereinigten Staaten die Beziehungen zu Peking Priorität haben, ließen sie am 29. Mai 2002 erkennen, als sie erklärten, dass ihre Botschaft in China für Asylanträge nicht zur Verfügung stehe. Für die, die es immer noch nicht verstanden hatten, fügten sie etwas später hinzu, dass der Umsturz des nordkoreanischen Regimes nicht ihr Ziel sei.

Südkorea verfolgt eine Wiedervereinigung als langfristiges Ziel, schätzt aber den Preis dafür momentan als zu hoch ein. Im Sommer 2002 halbierte die Regierung in Seoul das Begrüßungsgeld für nordkoreanische Flüchtlinge, das vorher je nach der Größe der Familie bei dem 60- bis 80fachen monatlichen Mindestlohn gelegen hatte. Muss das nicht als Versuch gewertet werden, die immer noch ansteigende Flüchtlingswelle einzudämmen? Der Grund, den Südkorea anführte, nämlich die Flüchtlinge zu größerer Selbständigkeit und mehr Eigeninitiative zu ermutigen, ist wenig überzeugend.

Japan scheint ebenfalls über keine Strategie zu verfügen, von der Regelung der Fälle entführter und in Nordkorea festgehaltener Japaner einmal abgesehen. Auch China hat allem Anschein nach ein größeres Interesse an der Stabilisierung des Regimes als an einer Wiedervereinigung der beiden Koreas. Blickt man auf die geopolitischen Interessen, sieht es so aus, als ob die 21 Millionen Nordkoreaner noch lange warten müssten, bevor sich ihr Schicksal verbessern könnte. Aber immer mehr von ihnen wünschen sich, dass das Regime von Kim Jong Il endlich verschwindet. Es ist nicht ausgeschlossen, dass sie irgendwann ihr Schicksal in die eigene Hand nehmen. Das Beispiel DDR hat gezeigt, dass Diplomaten und Finanziers Pläne machen – und die Menschen handeln.

7. *Nachtrag für die deutschsprachige Ausgabe:* Pulverfass Nordkorea – Was der Westen tun kann

Als Nordkorea am 13. April 2003 ankündigte, sich nicht länger multilateralen Gesprächen über sein Atomprogramm zu widersetzen, erregte das angesichts der Flut von Nachrichten aus dem Irak wenig öffentliche Aufmerksamkeit. Bis zu diesem Zeitpunkt hatte Nordkorea auf bilateralen Verhandlungen mit den USA bestanden. Die Amerikaner erwiesen sich in dieser Frage jedoch als noch hartnäckiger als Nordkorea: Sie hatten zwar nichts gegen Gespräche mit Pjöngjang einzuwenden, lehnten aber bilaterale Verhandlungen kategorisch ab.

Hätten die Amerikaner auf die Forderung nach multilateralen Gesprächen verzichtet, wäre das einer Herabstufung des südkoreanischen Verbündeten in den Rang eines unzuverlässigen Vasallen gleichgekommen, dem jede Berechtigung fehlt, über die Zukunft der koreanischen Halbinsel mitzuentscheiden. Die USA wären damit in eine schwierige diplomatische Lage geraten, denn sowohl Gegner als auch Verbündete hätten den USA ohne Zweifel einen neuen Fall von »Unilateralismus« vorgeworfen. Für Verhandlungen mit Nordkorea ist Südkorea jedoch auf breite Unterstützung aus aller Welt angewiesen.

Es wäre jedoch falsch, zu früh Siegesmeldungen auszugeben. Das vorsichtige Entgegenkommen der nordkoreanischen Führung kann weder darüber hinwegtäuschen, dass Pjöngjang sich gewöhnlich nur zum Schein auf »Marathonverhandlungen« einlässt, noch darüber, dass das Regime schon lange und intensiv das Ziel verfolgt, eigene Atomwaffen zu besitzen. Der Verlauf der Verhandlungen, die am 23. April aufgenommen und gleich darauf wieder unterbrochen wurden, zeigt, dass keine schnellen Lösungen zu erwarten sind – auch wenn das Ergebnis des Krieges im Irak die nordkoreanische Führung zur Kompromissbereitschaft zwingt.

Als Pjöngjang 1985 dem Atomwaffensperrvertrag beitrat, war das mehr als eine Formalität, denn die Nordkoreaner arbeiteten damals bereits sechs Jahre am Bau eines Atomreaktors, der zur Herstellung von Atombomben geeignet sein sollte. Das Land trat dem Vertrag auch nicht aus freien Stücken bei, sondern weil der sowjetische Verbündete freundschaftlichen Druck ausübte. In der Folgezeit versuchten die Nordkoreaner, den Verpflichtungen, die sich aus dem Vertrag ergaben, so lange wie möglich auszuweichen. Spätestens 1987 sollten sich die Nordkoreaner beispielsweise mit der Internationalen Atomenergiebehörde (IAEA) über den Ablauf der Inspektionen verständigt haben. Zugleich hätten sie alle Informationen weitergeben müssen, mit denen kontrolliert werden konnte, ob sie sich auf die erlaubte Nutzung der Kernenergie zu zivilen Zwecken beschränkten. Die Welt musste jedoch zwei Jahre warten, bis Pjöngjang sich 1989 dazu bereit erklärte, den Verpflichtungen nachzukommen und den Vertrag wirklich zu unterschreiben – und auch das geschah nur unter der Bedingung, dass Südkorea ebenfalls dem Besitz von Atomwaffen abschwor. Um Pjöngjang zu zeigen, welche Bedeutung sie den Verpflichtungen dieses Vertrages beimaßen, kündigten die Amerikaner im September 1991 an, dass sie alle ihre in Südkorea gelagerten Atomwaffen abtransportieren würden.

Die Nordkoreaner führten in dieser Zeit ungerührt ihre Forschung im Bereich der militärischen Nutzung der Atomenergie fort und lehnten jedwede Inspektion ab, die ihre Aktivitäten hätte einschränken können. Erst Ende Januar 1992 unterzeichneten sie eine Übereinkunft mit der IAEA über die Durchführung von Inspektionen. Und selbstverständlich verging dann noch eine ganze Weile, bis schließlich auch die nordkoreanischen »Parlamentarier« den Vertrag ratifiziert hatten; man kann sich vorstellen, wie frei im Parlament darüber diskutiert wurde.

Nach der Ratifizierung war Hans Blix, der damalige Generaldirektor der AIEA, der mittlerweile als Chef der UN-Inspektoren bekannt ist, die die Massenvernichtungswaffen im Irak aufspüren sollten, monatelang mit einer Verhinderungstaktik der Nordkoreaner konfrontiert. Sie weigerten sich beispielsweise anzugeben, wie viel Plutonium sie bislang produziert hatten, »vergaßen« in ihren Dokumenten, das Atomkraftwerk in Yongbyon im Norden von Pjöngjang zu erwähnen, und verweigerten den Inspektoren Zutritt zu zwei anderen Anlagen. Der Protest der IAEA blieb folgenlos. Der Tonfall wurde schärfer, und im März 1993 verkündeten die Nordkoreaner schließlich unter verschiedenen Vorwänden, dass sie sich nicht länger an den Atomwaffensperrvertrag gebunden fühlten.

Der Clinton-Regierung gelang es, die Nordkoreaner dazu zu bewegen, ihre Entscheidung rückgängig zu machen, indem sie im Gegenzug »Inspektionen« der amerikanischen Militärstützpunkte in Südkorea anbot. Doch als die Inspektionen endlich wieder aufgenommen wurden, zumindest in den offiziell deklarierten Anlagen, mussten die Inspektoren feststellen, dass sich auf nordkoreanischer Seite an der mangelnden Bereitschaft zur Zusammenarbeit nichts geändert hatte. So erhielten sie zum Beispiel keinen Zutritt zu den Wiederaufbereitungsanlagen.

Die Krise entzündete sich schließlich an der unter dem Namen KEDO (Korean Energy Development Organization) bekannten Übereinkunft zur Energieversorgung, die zwischen dem Westen und Nordkorea ausgehandelt worden war (vgl. S. 90 f.). Vermutlich hatten die Amerikaner diesem Projekt nicht ohne Hintergedanken zugestimmt. Washington war wohl davon ausgegangen, dass das Regime während der langen Laufzeit (etwa acht Jahre) zusammenbrechen würde. Wichtig war, dass in dieser Zeit alle Arbeiten am Bau der Bombe unterbrochen sein sollten. Damit ließ sich Washington auf ein gefährliches Spiel ein, denn die Nordkoreaner hätten versucht sein können, in der Zwischenzeit heimlich weiter an diesem Projekt zu arbeiten.

Genau das geschah. Wann haben die Amerikaner davon erfahren? Vermutlich schon früh. Dennoch entschieden sie sich erst im Oktober 2002, die Öffentlichkeit darüber zu informieren, dass Nordkorea seine atomaren Ziele weiter verfolgt.

Dass die Amerikaner diesen Zeitpunkt für ihre Offensive wählten, ist sowohl durch die Bedeutung zu erklären, die die Vernichtung von Massenvernichtungswaffen für die Bush-Regierung hat, als auch durch wahltaktische Überlegungen im Vorfeld der damals kurz bevorstehenden Präsidentschaftswahlen in Südkorea: Die Nachricht sollte die Gefahr unterstreichen, die von diesem Regime ausging, und war als Unterstützung für den von ihnen favorisierten Kandidaten gedacht. Taktisch geschickt gaben die Nordkoreaner ihre Forschungsaktivitäten zu und verwiesen auf deren defensiven Charakter. Sie erklärten, dass die Bedrohung, die von den USA ausgehe, sie zur Aufrüstung zwinge. Bald darauf forderten sie bilaterale Verhandlungen mit Washington.

Die geopolitische Lage stellt sich im Frühling 2003 so dar: Auf der einen Seite befinden sich die USA, die entschlossen sind, mit ihrer Politik des Verbots von Massenvernichtungswaffen und ihrem Kampf gegen den Terrorismus fortzufahren und das nordkoreanische Problem zu »regeln«. Auf der anderen Seite befindet sich Nordkorea, das am Rande des wirtschaftlichen und sozialen Zusammenbruchs steht, aber entschlossen ist, sein Überleben um jeden Preis zu sichern – vor allem auch durch den weiteren Aufbau einer bereits jetzt beeindruckenden militärischen Macht.

Inzwischen haben die USA begonnen, durch Einstellen der Erdöllieferungen und eine drastische Verringerung der Nahrungsmittelhilfe Druck auf Nordkorea auszuüben. Mit einer ganzen Reihe diplomatischer Aktivitäten wurden die Regionalmächte dafür gewonnen, die internationale Gemeinschaft zur Lösung der »Nordkorea-Frage« mit einzubeziehen. Das Ergebnis dieser Politik war, dass die IAEA am 13. Februar 2003 beschloss (bei Enthaltung Russlands, aber Zustimmung Chinas), das schwierige Problem der nordkoreanischen Atomrüstung an den Sicherheitsrat zu verweisen. Nordkorea versuchte daraufhin, durch eine ganze Reihe von Maßnahmen Druck auf die USA auszuüben, die die Dramatik der Lage noch erhöhen sollten, damit ein Abbau der Spannungen als dringend nötig erschien – was durch direkte Verhandlungen mit den USA geschehen sollte. Zu diesen Maßnahmen gehörten:

- die Ankündigung Pjöngjangs, das Atomprogramm wieder aufzunehmen (12. Dezember 2002);
- der Abbau der Überwachungskameras, zu deren Installation Nordkorea durch den Atomwaffensperrvertrag gezwungen worden war (21. Dezember 2002);
- die Verlagerung von noch nicht wieder aufbereiteten Brennstäben, die das zur Herstellung von Atombomben nötige Plutonium liefern könnten (25. Dezember 2002);
- die Ausweisung der einzigen beiden IAEA-Inspektoren aus Pjöngjang (31. Dezember 2002);
- der Rücktritt vom Atomwaffensperrvertrag (10. Januar 2003);
- die Wiederaufnahme des Betriebs in den Atomkraftwerken des Landes (Februar 2003). Die nordkoreanische

Führung ließ zudem verlauten, dass der im Juli 1953 aus-
gehandelte Waffenstillstand, der noch immer die Beziehungen zwischen den beiden koreanischen Staaten regelt,
aufgehoben werden könnte;
- zwei Raketentests über dem Japanischen Meer – das die
  Koreaner als Östliches Meer bezeichnen (26. Februar und
  10. März 2003).

Diese letzte Maßnahme erwies sich als kontraproduktiv. Die
japanische Öffentlichkeit war verunsichert, und die Regierung beschloss, zwei Spionagesatelliten in den Weltraum zu
schicken, um auf alle Eventualitäten vorbereitet zu sein.
Schlimmer noch: Die steigenden Spannungen stärken die
Position derer, die ein eigenes Atomprogramm für Japan for-
dern. Dies wiederum beunruhigt China, das sich darauf ein-
gestellt hatte, dass Japan von den Vereinigten Staaten be-
schützt wird – und über keine eigenen Atomwaffen verfügt.
Das alles lässt hoffen, dass China, das von allen Ländern den
größten Einfluss auf Nordkorea besitzt, Druck auf Pjöngjang ausüben wird. Die Frage ist, ob Peking den politischen
Willen hat, das zu tun. Russland will seinerseits verhindern,
dass China sich als die Macht darstellt, die als einzige in der
Lage ist, das Problem zu lösen. Es ist daher kein Zufall, dass
sich Moskau im April besorgt zeigte und zum ersten Mal andeutete, sich nicht mehr grundsätzlich dagegen auszuspre-
chen, gegen Pjöngjang Sanktionen zu verhängen.
Kurz darauf erklärte Nordkorea, dass es, anders als in den
Monaten zuvor, einen multilateralen Rahmen für Verhandlungen über sein mögliches atomares Arsenal nicht mehr
unter allen Umständen ablehnen würde.
Diese neue Wendung erklärt sich vermutlich zu einem großen Teil durch den Verlauf und das Ergebnis des Irakkriegs. Es
wird weitere taktische Wendungen in der nordkoreanischen
Politik geben, und die so genannte internationale Gemein-

schaft wird in Nordkorea mit einer dreifachen Herausforderung konfrontiert bleiben: Pjöngjang stellt ein Sicherheitsproblem dar, ein politisches Problem (wie können Fortschritte im Bereich der Menschenrechte und der Demokratie erreicht werden?) und natürlich ein humanitäres Problem.

Diese drei Probleme sind selbstverständlich eng miteinander verbunden: Nordkoreas Nachbarländer, die Vereinigten Staaten und Europa sind beispielsweise bereit, Nordkorea in wirtschaftlicher Hinsicht massiv zu unterstützen, wenn das Land endgültig und überprüfbar darauf verzichtet, Atomwaffen zu erwerben (oder darauf, sein Arsenal zu verstärken – falls es schon welche besitzt).

Damit diese Hilfe zu Ergebnissen führt, sind politische und wirtschaftliche Veränderungen vonnöten. Es ist jedoch zu bezweifeln, dass dies im Interesse der USA und der Nachbarstaaten Nordkoreas ist. Vielmehr ist zu befürchten, dass sie sich damit begnügen, die Sicherheit in der Region zu gewährleisten – das wäre auch schon ein wünschenswertes Ergebnis. Die Verbesserung der Lebensverhältnisse der 22 Millionen Nordkoreaner bliebe eine Aufgabe für die Zukunft. Der französische Publizist Alexandre Adler resümierte nach dem amerikanischen Sieg im Irak die strategischen und sicherheitspolitischen Überlegungen des Westens in der Tageszeitung Le Figaro folgendermaßen: »Der Sturz des Regimes von Kim Jong Il würde zu einer humanitären Katastrophe in China führen, zu einem wirtschaftlichen Desaster in Südkorea und zu endlosen Problemen in Japan. Noch ist es möglich, gemeinsam mit Peking und Tokio eine Politik zu betreiben, die Nordkorea isoliert – so, wie es mit gutartigen Zysten gelingt – und in einer Art geschützten Quarantäne belässt, bevor es durch die Natur der Dinge zu einer radikaleren Lösung kommt.«

Ist eine solche Lösung möglich? Und ist sie wünschenswert aus der Perspektive all derer, die Menschenrechte verteidigen und Demokratie fördern möchten und die vom Elend und der mangelnden Freiheit der Bevölkerung betroffen sind? Für sie stellt sich die nordkoreanische Frage so: Wie kann man eines der schlimmsten Regimes der Welt stürzen, ohne Krieg zu führen?

1. Die humanitäre Hilfe muss fortgesetzt und sogar noch ausgeweitet werden. Dies gilt jedoch nur unter der Bedingung, dass sie ausnahmslos denen zugute kommt, die sie am dringendsten brauchen. Der Weg der Hilfslieferungen (Nahrungsmittel, Medikamente und auch Treib- und Brennstoff) muss bis zu ihren Empfängern hin verfolgt werden können. Es gibt keinen Grund dafür, dass die USA, die EU und Südkorea weiterhin Geldmittel zur Verfügung stellen, von denen nur die korrupte Führung, die Folterknechte und die Militärs profitieren, die mit der Destabilisierung des Planeten drohen.

2. Über den Ablauf und die Form der Wiedersehenstreffen von getrennten Familien aus Nord und Süd entscheiden natürlich die beiden koreanischen Regierungen. Die Zahl der Treffen sollte jedoch möglichst erhöht werden, und sie sollten auch als Privatangelegenheiten betrachtet werden. Deshalb dürfen sie auch nicht länger unter der Aufsicht von Polizeikräften und nordkoreanischen Agenten stattfinden.

3. Die nordkoreanischen Flüchtlinge in China stellen ein weiteres humanitäres Problem dar. Auch wenn sich China weiterhin weigert, sie als Flüchtlinge anzuerkennen, sollte es doch gewährleisten, dass sie nicht gegen ihren Willen zurückgeschickt und dass sie human behandelt werden. Es wäre gut, wenn das Hohe Flüchtlingskommissariat der Vereinten Nationen es als seine Aufgabe begreifen würde, die Aufnahmelager an der chinesischen Grenze zu finanzieren.

4. In politischer Hinsicht wäre es wünschenswert, dass die Länder, die Nordkorea diplomatisch anerkennen, vor allem die Staaten der Europäischen Union, die offizielle Bestätigung dieser Anerkennung von einigen konkreten Gesten wie der Öffnung der Konzentrationslager abhängig machten.

5. Damit Fortschritte auf dem Weg zur Demokratie erzielt werden können, muss Nordkorea die Arbeitsbedingungen von Journalisten erleichtern, ausländische Zeitungen ins Land lassen und vor allem aufhören, den Empfang westlicher und südkoreanischer Radiosendungen zu stören.

6. In sicherheitspolitischer Hinsicht ist es unerlässlich, dass der Verkauf nordkoreanischer Raketen ins Ausland verboten wird. Um den Einnahmeverlust auszugleichen, könnte die internationale Gemeinschaft provisorisch Ausrüstung und Maschinen zur Verfügung stellen, mit denen die Strom- und Wasserversorgung verbessert werden kann.

7. Nordkorea muss wieder die Verpflichtungen des Atomwaffensperrvertrags akzeptieren. Es wäre die Aufgabe des Sicherheitsrats und der Internationalen Atomenergiebehörde (IAEA), die genauen Bedingungen für eine Rückkehr Nordkoreas in die Gruppe der Staaten zu definieren, die an den Vertrag gebunden sind.

8. Sobald diese Bedingungen erfüllt sind, sollten die 37.000 US-amerikanischen Soldaten abgezogen werden, die am 38. Breitengrad stationiert sind. Sie haben Südkorea vor der Angriffslust des Nordens geschützt und damit letztlich der südkoreanischen Halbinsel den Frieden gesichert. Aber ihre Anwesenheit ist auch Wasser auf die Mühlen nordkoreanischer Kriegstreiber, sie blockiert jede Entwicklung, und sie stellt vor allem in China einen Vorwand dafür dar, sich der Wiedervereinigung unter der Führung des demokratischen koreanischen Staates – Südkorea – entgegenzustellen.

9. Um gegen jede unglückliche Eventualität abgesichert zu sein, muss Südkorea durch ein Raketenabwehrsystem geschützt werden.

10. Zur Vorbereitung einer Wiedervereinigung, die für die gesamte Halbinsel ohne allzu große Schmerzen verläuft, muss ein internationales Konsortium geschaffen werden, das zur Aufgabe hat, Südkorea bei der Bewältigung der Last der Wiedervereinigung zu helfen.

Vor Beginn des Irakkriegs waren viele ironische Kommentare in der Presse darüber zu lesen, dass die Amerikaner in Nordkorea viel vorsichtiger vorgingen als im Irak. Inzwischen ist der Krieg gegen den Irak vorüber, und die Frage, was mit Nordkorea geschieht, hat oberste Priorität gewonnen. Das muss nicht bedeuten, dass alles auf eine neue militärische Konfrontation zuläuft. Den demokratischen Staaten des Westens könnte jetzt gelingen, womit sie im Falle des Irak nicht erfolgreich waren: gemeinsam so starken Druck auszuüben, dass eine Tyrannenherrschaft ohne kriegerische Auseinandersetzung gestürzt werden kann.

Hinweis

Die fast vollständige Abriegelung Nordkoreas von der Außenwelt macht die Arbeit für politische Beobachter und Historiker schwierig. Dennoch stehen verschiedene Informationsquellen zur Verfügung.

Die nordkoreanische Presse und das Radio sind zumindest teilweise zugänglich. Im Internet findet sich eine Auswahl von Artikeln auf Englisch und Spanisch.

Die wichtigste Informationsquelle, vor allem was das alltägliche Leben betrifft, bleiben indes die Berichte nordkoreanischer Flüchtlinge. Solche Zeugnisse erreichen uns immer häufiger und können leicht überprüft werden. Wichtige Informationen stammen auch von den Hilfsorganisationen, die sich in China und anderswo um die Flüchtlinge kümmern, und von den *think tanks*, die sich in Seoul mit Nordkorea beschäftigen.

Das Monatsmagazin *Vantage Point* und die Vierteljahreszeitschrift *Keys,* Organ des in Seoul angesiedelten »Network to North Korean Democracy and Human Rights« (NKnet), veröffentlichen beide qualitativ hochwertige Debatten und Informationen über Nordkorea.

Die Zeitschriften der Menschenrechtsorganisationen Citizen's Alliance in Seoul (*Life and Human Rights*) und Société internationale pour les droits de l'homme (SIDH) in Paris (*Lettre de Corée*) geben einen guten Überblick über die Lage in Nordkorea. Wichtige Nachrichten kommen auch von anderen Menschenrechtsorganisationen wie Human Rights without Frontiers in Brüssel, Rescue North Korean People (RENK) in Tokio und Comité d'aide à la population nordcoréenne in Paris.

Die Mitglieder der Nichtregierungsorganisationen Médecins sans frontières (MSF), Actions contre la Faim (ACF) und Médecins du monde (MDM) stellen dank ihrer Ressourcen und ihrer Vor-Ort-Erfahrung exzellente Informationsquellen dar. In Veröffentlichungen wie *Géopolitique de la faim* der ACF finden sich wertvolle Fakten und Daten.

Seit einigen Jahren interessieren sich auch die westlichen Medien mehr für die Lage auf der koreanischen Halbinsel. In den französischen Tageszeitungen *Libération* (insbesondere Philippe Grangereau), *Le Monde* (Philippe Pons) und *Les Echos* (Stéphane Dupont) finden sich regelmäßig Artikel zum Thema. Auch die *International Herald Tribune*, die *Far Eastern Economic Review, Time* und *The Economist* sind unverzichtbare Quellen.

Die südkoreanische Presse ist fast vollständig im Internet auf Englisch einsehbar. Die französische Botschaft in Seoul veröffentlicht regelmäßig einen kurzen Pressespiegel. Es lohnt sich auch, die beiden englischsprachigen Tageszeitungen Südkoreas zu lesen, die *Korea Times* und den *Korea Herald*. Zahlreiche Informationen über Nordkorea finden sich auf den Internetseiten von *Chosun Ilbo*, der großen konservativen Tageszeitung Seouls.

Weiterführende Literatur

Jaspers Becker, Famine en Corée du Nord. Paris 1998 (L'Esprit frappeur)

Thomas Belke, Juche, Christian Study of North Korea's State Religion. Bartlesville (Ok) 1999 (Living Sacrifice Book Company)

Jean-Pierre Brule, La Corée du Nord de Kim Il Sung. Paris 1982 (Barré-Dayez)

Cheong Seong Chang, Idéologie et système en Corée du Nord. De Kim Il-sông à Kim Chông-il. Paris 1997 (L'Harmattan)

Alain Destexe, Corée du Nord. Voyage en dynastie totalitaire. Paris 2001 (L'Harmattan)

Chuck Downs, North Korea's Negotiating Strategy. Washington 1999 (AEI Press)

Nicholas Eberstadt, Korea Approaches Reunification. Armonk, N.Y. 1995 (M.E. Sharpe)

Philippe Grangereau, Au pays du grand mensonge. Paris 2001. (Le serpent de mer)

Kang Chol Hwan, Pierre Rigoulot, Les Aquariums Pyongyang. Paris 2000 (Laffont)

Kim Hyung Hee, Dans la fosse aux tigres. Paris 1994 (Editions de la Cité)

Hartmut Koschy (Hg.), Begegnung mit Kim Dae Jung. München 2002 (Olzog)

Hans Maretzki, Kim-ismus in Nordkorea. Eine Analyse des letzten DDR-Botschafters in Pjöngjang. Böblingen 1991 (Tykve Verlag)

Hans W. Maull, Ivo M. Maull, Korea. München 2003 (C.H. Beck)

Oliver Mohr, Hinter dem 38. Breitengrad. Mit Kap Anamur in Nordkorea. Göttingen 2000 (Lamuv)

Juliette Morillot, La Corée. Domaines, montagnes et gratte-ciel. Paris 1998 (Autrement)

Marcus Noland, Avoiding the Apocalypse. The Future of the two Koreas. Washington 2000 (Institute for International Economics)

Pierre Rigoulot (Hg.), Les Cahiers d'Histoire sociale 7. Sonderheft »La Corée du Nord«. Paris, Herbst/Winter 1996 (Albin Michel)

Pierre Rigoulot, Nordkorea. In: Stéphane Courtois, Nicolas Werth, Jean-Louis Panne (Hg.), Schwarzbuch des Kommunismus. Unterdrückung. Verbrechen und Terror. S. 609–629. München 1998 (Piper)

Scott Snyder, Negotiating on the Edge. North Korean Negotiating Behavior. Washington 1999 (US Institute of Peace)

Paperbacks bei
Kiepenheuer & Witsch

Hans Graf von Sponeck
Andreas Zumach
Irak – Chronik eines gewollten Krieges

Wie die Weltöffentlichkeit manipuliert und das
Völkerrecht gebrochen wird

KiWi 776
Originalausgabe

Der amerikanische Angriff auf den Irak hat eine
lange Vorgeschichte. Mit Hilfe der Medien wurde
ein »Psychokrieg« geführt und der Militärschlag
vorbereitet, der schon lange vor dem 11. September
2001 beschlossene Sache war. Im Gespräch mit
Andreas Zumach belegt Hans von Sponeck im Detail,
wie mit »organisierten Lügen« gearbeitet – und wie
der Sicherheitsrat zunehmend für die menschliche
Katastrophe im Irak verantwortlich wurde. Auch die
europäische und deutsche Außenpolitik hat dabei
versagt.

Mit dem vollständigen Text der UNO-Resolutionen
687, 1284 und 1441.

www.kiwi-koeln.de

Paperbacks bei
Kiepenheuer & Witsch

William Rivers Pitt / Scott Ritter
Krieg gegen den Irak
Was die Bush-Regierung verschweigt

KiWi 748
Originalausgabe

»Das Buch kommt zur rechten Zeit. Zeigt es doch, mit welchen Lügen derzeit gearbeitet wird.« *Berliner Kurier*

Scott Ritter, Parteifreund von George W. Bush und nun sein schärfster Kritiker, war von 1991 bis 1998 UN-Waffeninspekteur im Irak und hat daran mitgewirkt, dass das dortige Waffenpotential zu über 90% zerstört wurde. Im Gespräch mit William Rivers Pitt enthüllt er, wie die USA die damaligen Inspektionen manipuliert und zum Scheitern gebracht haben und liefert somit Argumente gegen den Krieg.

www.kiwi-koeln.de

Paperbacks bei
Kiepenheuer & Witsch

Ralph Giordano
Israel, um Himmels willen, Israel

KiWi 729

»Wer wissen möchte, was in Israel los ist, woran
das Land krankt, warum es trotz aller inneren Krisen
und äußeren Belastungen noch immer nicht zusam-
mengebrochen ist, der findet derzeit keine bessere
Lektüre.« *Henryk M. Broder, Die Zeit*

»›Israel, um Himmels willen, Israel‹ ist ein bewegen-
des Werk.« *FAZ*

»Fairneß und Einfühlungsvermögen, eine klare
Position in Menschenrechtsfragen und ein waches
Bewußtsein für historische Prägungen und
Verletzungen: die großen Stärken von Giordanos
Buch.« *Badische Zeitung*

www.kiwi-koeln.de

Marcel Pott
Schuld und Sühne im Gelobten Land

Israels Sonderrolle im Schutz der westlichen Welt
Gebunden

Der Verlust der Heimat, Flucht und Vertreibung bestimmen bis heute das kollektive Bewusstsein des palästinensischen Volkes. Das Schicksal der Palästinenser ist untrennbar verbunden mit dem Denken und Tun des jüdischen Volkes, das selbst in seiner kollektiven Erinnerung geprägt ist durch ein einzigartiges Schicksal der Verfolgung, Erniedrigung und physischen Vernichtung. Darin liegt die besondere Tragik dieses Konfliktes. Wir Deutschen tragen historisch im Blick auf Israel und Palästina eine doppelte Verantwortung, denn das Schicksal der Juden hat das Schicksal der Araber bestimmt.

www.kiwi-koeln.de VERLAG KIEPENHEUER & WITSCH

Paperbacks bei
Kiepenheuer & Witsch

Tom Holert / Mark Terkessidis
Entsichert

Krieg als Massenkultur im 21. Jahrhundert

KiWi 714
Originalausgabe

Die Autoren durchleuchten sowohl unseren Alltag,
in dem der Krieg als Spektakel erscheint, als auch das
Leben in jenen Gebieten, wo der Krieg buchstäblich
Alltag geworden ist.

www.kiwi-koeln.de